Galletas con Alma

Obregón

AF875362

Galletas con Alma

Obregón

Planeta

Para Bruno, Lola y Chloe. Mis galletas favoritas.
Os adoro, hasta el infinito...
ida y vuelta, ida y vuelta, ida y vuelta...

Título original: *Galletas con Alma (Obregón)*

Av. Diagonal, 662-664, 08034 Barcelona (España)
www.editorialplaneta.es
www.planetadelibros.com

Diseño de interior: © Rudy de la Fuente
Fotografías de interior: de las recetas, © Alma Obregón; de los retratos, © Ximena y Sergio
Ilustración de interior: de las portadillas, © Shutterstock; © de las demás ilustraciones, © Rudy de la Fuente

Primera edición: abril de 2026
Depósito legal: B. 24.662-2026
ISBN: 978-84-08-31878-1
Composición: Realización Planeta
Impresión y encuadernación: Gráficas de Estella, S. L.
Printed in Spain - Impreso en España

PEFC Certificado
Este libro procede de bosques gestionados de forma sostenible
PEFC/14-38-00305
www.pefc.es

Índice

Introducción

Amo las galletas. En todas sus formas. Porque pueden ser sencillas, pero también muy elaboradas. Porque pueden ser inmensas y contundentes, pero también extremadamente finas y ligeras. Porque, aunque tienen miles de años de historia, nunca pasan de moda.

Aunque parezca increíble, hay estudios que indican que hace ya 10 000 años se preparaban unas mezclas de cereales remojados. Tras calentarlos, se almacenaban y se podían transportar con facilidad, como las galletas actuales. Son posteriormente los romanos los que acuñan el término *biscoctus* para hablar de unas obleas que se cocinaban primero en un molde y, después, una vez desmoldadas, se cocinaban de nuevo. De ahí el nombre de *biscote*. El término *galleta*, sin embargo, lo heredaremos del francés *galette*, usado para definir un pastelito fino y plano.

En la Edad Media y el Renacimiento se desarrollan cada vez más recetas, que incorporan ingredientes como miel, huevos o especias. Será en los siglos XVIII y XIX cuando la producción de galletas en Europa se desarrolle al máximo, consolidándose como el alimento perfecto para los viajes. En esos años, se apuesta por una variedad más dura y seca, capaz de soportar largos periodos de almacenamiento y que se comía mojada en vino o leche. Hoy en día, la variedad de sabores, texturas y técnicas en la elaboración de galletas hace que no podamos hablar de dulces sin darles a ellas un papel protagonista.

En este libro he querido recoger una selección de galletas que creo que demuestran esta gran riqueza que nos ofrecen. En honor a las modas actuales, he dedicado una sección muy amplia a las *cookies* estadounidenses, centrándome especialmente en las versiones más modernas, muy grandes y con todo tipo de sabores y *toppings*, que son las más populares hoy en día. Pero también hay otro bloque muy extenso centrado en galletas de toda la vida, de esas que comíamos en la infancia, mojadas en leche.

Tampoco faltan otras recetas de renombre internacional que son imprescindibles por su fama y porque están deliciosas. Por último, he dedicado un apartado a las galletas decoradas. En él veremos algunos consejos para que no se deformen en el horneado y las mejores técnicas para ponerlas bonitas.

No me he querido olvidar de las intolerancias alimenticias y por eso en cada receta encontrarás trucos que nos ayudarán a adaptarlas según las necesidades de los comensales. Además, en la sección de ingredientes, he incluido una serie de recomendaciones generales.

Espero que disfrutéis mucho de estas recetas.

Alma

Herramientas

Batidora o amasadora

No son estrictamente necesarias, ya que muchas veces las masas se pueden hacer a mano, pero es cierto que para las cremas nos facilitan mucho la vida. Por ello, os recomiendo contar o bien con una amasadora de sobremesa (que usaremos con la pala para las masas y con las varillas para las cremas), o bien con una batidora de mano de dos varillas. Estas últimas son muy versátiles y las utilizaremos a velocidad baja para preparar las masas y a velocidad alta para montar las cremas.

Horno

Será nuestro aliado principal para preparar unas galletas espectaculares. Hornearemos preferiblemente con calor arriba y abajo (si usamos una sola bandeja) o con ventilador (si son dos). En este último caso es importante, dependiendo del tipo de horno, seleccionar la opción de solo ventilador. Algunos modelos, al encender el ventilador, accionan el *grill*, y nuestras galletas saldrían... ¡supertostadas! ¡Ah! Si horneamos con aire, no podemos olvidar bajar la temperatura indicada en la receta entre 10 y 15 °C.

Bandeja de horno plana, de una sola capa

Actualmente, en el mercado, encontraréis muchos tipos de bandejas de horno. Yo os recomiendo las bandejas de una sola capa, es decir, las más sencillas que hay. Las bandejas de doble capa (que incorporan una segunda capa de material en su base, con una cámara de aire entre ambas capas) dificultan que las galletas se hagan correctamente por la base y requieren más tiempo de cocción para un resultado óptimo. Podemos usar la bandeja que viene con el horno o una específica para galletas. Si nuestra bandeja es muy gruesa, tendremos que tener en cuenta que mantendrá el calor durante mucho tiempo tras sacar las galletas del horno, por lo que puede hacer que las galletas se doren de más por la parte inferior.

Papel de horno o tapete de silicona

Yo soy una gran fan de hornear mis galletas sobre papel. Proporciona un horneado más uniforme, deja menos sensación de grasa, es más limpio y evita que las galletas se expandan demasiado. Pero si la bandeja de horno es especialmente gruesa o conserva mucho el calor, entonces recomiendo usar un tapete de silicona. Otra opción son las láminas de teflón, algo más finas que las de silicona, u hornear directamente sobre la bandeja. Pero ¡cuidado! Este método requiere engrasar la bandeja muy bien, ya que las galletas se queman más fácilmente por la base.

Cucharas medidoras

Cucharas medidoras: son muy útiles para medir aquellas cantidades pequeñas que a veces la báscula no consigue pesar. Recuerda que cuando usamos una cucharada o cucharadita, estas son medidas de volumen y que el peso variará en función de lo que estemos midiendo. Es decir, no puedes pasar mililitros a gramos, ya que no pesará igual, por poner un ejemplo, una cucharadita de azúcar que una de maicena.

Si vas a utilizar la medida en cucharaditas o cucharadas, tendrás que usarlas siempre rasas y con un *set* estándar (no vale la cuchara de la sopa y la del café, tienen que ser unas específicas de repostería). Recuerda también que la cucharadita es la de 5 mililitros (a veces indicada como *tsp,* de *teaspoon,* «cuchara de té») y la cucharada es la de 15 mililitros (*tbsp, tablespoon,* «cuchara de mesa»). Al final del libro, además, encontrarás una tabla con los pesos y medidas más habituales.

Cortadores

Solo serán necesarios en algunas de las recetas. Existen tanto metálicos como de plástico. Los metálicos cortan mejor, pero es cierto que pueden llegar a doblarse u oxidarse si no son de buena calidad. Los de plástico cortan peor, aunque suelen ser más resistentes.

En las *cookies* uso muchas veces un cortador circular de 12 cm para darles forma nada más salir del horno. Esto hará que queden perfectamente redondeadas.

Rejilla

Muy útil para que las galletas se enfríen por completo tras el horneado. Si no tenemos una específica, no pasa nada. Podemos usar la del horno, apoyándola en un par de botes de conserva para que esté elevada y el aire circule por debajo.

Espátula ancha

Es esencial para mover las galletas sin estropearlas una vez se han enfriado un poco.

Ingredientes y sustituciones

He anotado en todas las recetas los ingredientes problemáticos por alergias: los lácteos (por la proteína de leche), los frutos secos, el huevo y las harinas (por el gluten). Con los frutos secos, en la mayoría de las recetas es tan fácil como prescindir de ellos, aunque en algunas son el ingrediente principal. En estos casos, indico siempre que no se puede adaptar la elaboración.

Con los lácteos, el huevo y las harinas, casi siempre se puede replantear la receta con productos alternativos y libres de riesgo. Por eso, he dedicado estas páginas a explicar en detalle cómo podemos hacer exactamente cada sustitución, para que se pueda consultar siempre que sea necesario. En las recetas, indico esta leyenda si hay ingredientes problemáticos:

Proteína de leche

Huevo

Frutos secos

Gluten

Si hay algún otro detalle particular de la sustitución, lo explico en la propia receta. De lo contrario, será suficiente con aplicar las indicaciones que dejo a continuación.

Mantequilla

En todas las recetas en las que se menciona este ingrediente utilizo mantequilla tradicional, con un 82 por ciento de materia grasa, sin sal añadida y a temperatura ambiente.

Para preparar algunas galletas, usaremos mantequilla avellana, cuyo paso a paso está indicado en la propia receta. Es tan sencillo como fundir la mantequilla hasta que comienza a tostarse y adquiere un sabor increíble. En ese caso, la prepararemos siempre con unas horas de antelación para que vuelva a temperatura ambiente antes de utilizarla.

También hay varias recetas que no contienen este ingrediente, y en las que sí lo llevan se puede usar como alternativa mantequilla vegetal. En el caso de la mantequilla avellana, no se puede hacer con manteca vegetal, por lo que simplemente omitiremos esa parte de la elaboración. Mi recomendación, a la hora de comprar manteca vegetal, es optar por aquellas que vienen envueltas en papel, como si de mantequilla se tratara, porque esto garantiza de antemano que su firmeza es más semejante a la de una mantequilla tradicional. Las que vienen en tarrina suelen ser más cremosas y a temperatura ambiente se quedan excesivamente blandas, lo que puede empeorar el resultado final.

Leche y nata

En todas las recetas usaremos por defecto leche y nata de vaca y, dentro de eso, podemos utilizar la variedad que tengamos en casa: entera, desnatada, sin lactosa... Respecto a la nata, siempre usaremos para estas recetas una que tenga un 35 por ciento de materia grasa.

En cuanto a las alternativas vegetales, podremos usar la que más nos guste. Y respecto a la nata, en el caso de las cremas y las *ganaches*, recomiendo la nata de coco. La obtendremos refrigerando el bote de leche de coco y separando la parte sólida, que quedará en la capa superior. De esta forma el resultado será siempre el mismo, ya que otras natas vegetales tienen composiciones diferentes y darán resultados muy distintos entre sí.

Para las preparaciones que no requieran calentar la nata podremos usar nata vegetal de pastelería, pero tendremos que revisar que no tenga proteína de leche.

Huevo

En todas las recetas en las que está mencionado este ingrediente usaremos huevos camperos de tamaño M/L. Pero también hay muchas elaboraciones en las que no los necesitaremos.

En caso de que la receta lo incluya y necesitemos sustituirlo, la solución más sencilla en las masas es un «huevo vegano»: una cucharada de semillas de lino trituradas, mezcladas con tres cucharadas de agua hirviendo, equivale a un huevo, y lo dejaremos reposar entre 5 y 10 minutos antes de usarlo.

En las recetas que llevan únicamente claras, que son varias en el capítulo de las galletas tradicionales, la mejor sustitución es el aquafaba, que no es más que el líquido de cocer las legumbres. La forma más sencilla de obtenerlo es escurrir un bote de garbanzos cocidos. Para cada clara sustituida necesitaremos 30 mililitros de aquafaba. Es facilísimo hacer que monte cuando se bate con varillas, como si de claras de huevo se tratara.

Existen también los sustitutos del huevo, disponibles en algunos supermercados y que puedes usar sin problema.

Azúcar blanco, azúcar moreno, panela y azúcar glas

En este libro usaremos estos cuatro tipos de azúcar para conseguir la textura óptima en cada receta. Mi recomendación es no intercambiarlos, ya que cada uno cumple una función: el azúcar blanco hace que los bordes queden más crujientes, que las galletas se expandan más y que tengan mayor dulzor. El azúcar moreno de caña integral proporciona un sabor más acaramelado, menos dulce, y hace que las *cookies* no tengan tantísima expansión. La panela aporta humedad y cierta chiclosidad a nuestras galletas. Por último, el azúcar glas nos proporciona una textura más densa y compacta.

De todas maneras, estas recetas se pueden preparar sin azúcar, sustituyéndolo por la alternativa que más nos guste. Yo suelo apostar por pasta de dátil o dátil en polvo, aunque en ese caso tendremos que ajustar la receta al gusto, ya que el dulzor varía mucho según la marca o si es casero. En el caso de los edulcorantes, existen unos específicos para *cookies* a la venta en tiendas de repostería que permiten hacer la sustitución al peso.

Harina

Para preparar las recetas de este libro he usado harina común. La de repostería también es perfecta, pero es importante revisar que no tenga ningún impulsor incorporado.

¿Y si queremos usar harina integral?

La harina de trigo integral tiene una mayor absorción, por lo que será necesario ajustar las recetas para que el resultado no sea demasiado denso y pesado y que las galletas no se «sequen» tan rápido. Mi recomendación es comenzar siempre respetando el tipo de harina que se indica en la receta y evitar experimentos. En caso de querer usar harina integral sí o sí, lo que haremos será aumentar la cantidad de líquido que se indique, normalmente en torno a un 15 por ciento, para que el resultado final sea similar al original.

¿Y si queremos usar una harina diferente que no tenga gluten?

Será imprescindible buscar alternativas que nos den el mismo resultado. El gluten tiene un papel fundamental en la estructura de lo que elaboramos, por eso no es tan fácil quitarlo así como así. Para suplirlo en las galletas usaremos la goma xantana, un polisacárido que incrementa la viscosidad de los líquidos y que tiene bastante elasticidad.

Por otro lado, en mis libros anteriores ya vimos que las harinas sin gluten varían en su nivel de absorción, lo que nos obligará a ajustar los líquidos y combinar varios para obtener un resultado cercano al original cuando de bizcochos y bollería se trata. Pero cuando hablamos de galletas, la cosa cambia un poco, ya que lo que ajustaremos serán las grasas: en este caso no aumentaremos los líquidos, sino que reduciremos la cantidad de grasa. Esto es porque, aunque las harinas sin gluten absorben más líquido, curiosamente también absorben menos grasa, propiedad que se hace especialmente notoria al hornear las galletas. Por eso, cuando usemos una harina sin gluten, reduciremos el 20 por ciento de grasa de la receta para adaptarla.

Como decía, cuando horneamos sin gluten no es recomendable simplemente sustituir la harina por otra sin este componente y tirar para adelante con la receta. Tendremos que combinar diferentes harinas y ajustar algunos ingredientes y la cantidad de goma xantana para obtener un resultado similar al original. Por supuesto, podremos usar una mezcla comercial para bizcochos sin gluten, pero primero comprobaremos si incluye la goma xantana, para saber si debemos añadirla o no. También podemos hacer un preparado casero: mi recomendación en este libro es, para obtener 1 kg de harina, mezclar 300 g de harina de avena sin gluten + 300 g de harina de trigo sarraceno o de harina de quinoa o garbanzo + 200 g de fécula de patata + 200 g de almidón de maíz. Además, añadiremos 10 g de goma xantana por kilo de mezcla.

Por último, no nos podemos olvidar de lavar todos los utensilios y superficies de trabajo para evitar cualquier riesgo de contaminación cruzada.

Impulsores

Principalmente usaremos dos tipos: bicarbonato sódico y levadura química. En unas ocasiones usaremos solo uno de ellos, y en otras los dos a la vez. El bicarbonato logrará que nuestras *cookies* tengan los bordes crujientes y el centro blandito y un poco chicloso. La levadura, por su parte, hará que las galletas sean un poco más abizcochadas y se esponjen más en la zona central. Es importante medir ambos ingredientes muy bien con una cucharita medidora o pesar las cantidades con atención. Además, no son intercambiables entre sí, así que, para que el resultado sea óptimo, es importante no sustituir uno por el otro.

Por último, en este libro usaremos un impulsor arcaico: el bicarbonato de amonio. Es uno de los impulsores más antiguos que se usan en repostería y, originalmente, se preparaba con astas de ciervo. Aunque cayó en desuso con la llegada de los impulsores modernos, aún se usa en algunas galletas tradicionales, ya que es perfecto para elaboraciones en las que se busca conseguir una textura muy seca y crujiente. En este libro lo usaremos en recetas como las *Springerle*, los *speculoos*, los *Lebkuchen* o los *cantuccini*. Se encuentra en tiendas especializadas y, a veces, en supermercados que pertenecen a grandes cadenas alemanas. La primera vez que se usa sorprende mucho su fuerte olor a amoniaco. ¡Que no cunda el pánico! Desaparecerá con el horneado.

Cacao

En este libro uso cacao alcalinizado, que es el que ha sido tratado para reducir su acidez y mejorar su color y su sabor. Que el nombre no nos asuste: es el cacao que encontraremos en cualquier supermercado al comprar cacao puro. Lo raro es encontrar cacao natural, normalmente a la venta en herbolarios, y que es más clarito y se disuelve peor.

¡Por cierto! No nos podemos olvidar de comprobar que el cacao que compramos sea, efectivamente, 100 por cien cacao.

Chocolate

En este libro usaremos tanto *chips* como chocolate troceado. Pero hay una gran diferencia: los *chips* se preparan con un chocolate tratado para que se mantenga estable durante el horneado. Por eso no cambian su forma y, aunque se derriten, se mantienen tal cual entraron al horno, y rápidamente se solidifican. Pero... ¡ojo! No todas las gotas de chocolate que venden en el supermercado son *chips*. Nos tendremos que asegurar de que en el paquete ponga «estable en el horneado», porque algunas son, precisamente, «fáciles de fundir». No hay problema con usarlas, pero en la masa se comportarán como chocolate troceado.

Por su lado, el chocolate troceado se funde y expande en la masa, lo que hace que las galletas también se expandan más. Por ello, cuando hagamos las bolitas, habrá que tener cuidado de no aplastarlas tanto. Además, en este formato aportará más sabor a las recetas, ya que se distribuye más por toda la masa.

Otros ingredientes

A lo largo del libro irán apareciendo algunos ingredientes adicionales para conseguir los diferentes sabores de las galletas, pero todos ellos son sencillos de encontrar en el supermercado. Cuando algún ingrediente sea más específico o haya que comprarlo en una tienda de repostería, se indicará en la receta, así como una alternativa cuando sea posible.

Cookies clásicas y modernas

La primera receta de las *cookies* más conocidas, las de *chips* de chocolate, data de 1938, cuando aparecen por primera vez en un libro de cocina. Fue de la mano de la chef Ruth Graves Wakefield, y en los casi noventa años de historia que acumulan han sido la base para un sinfín de variedades de galletas.

Casi ochenta años más tarde, en 2017, una pequeña tienda de *cookies* revolucionó el panorama en Estados Unidos presentando una selección de *cookies* enormes e irresistibles, casi siempre cubiertas por una crema y con una variedad de *toppings* increíble. La marca Crumbl inundó las redes sociales y rápidamente se popularizaron a nivel global. También han llegado a nuestro país, y las vemos en infinidad de supermercados y tiendas con nombres que, a menudo, remiten a sus creadores originales. Por eso, en este capítulo de *cookies* estadounidenses no podía faltar una selección increíble de treinta de estas *cookies* contemporáneas. Pero también encontraremos algunas preparaciones más clásicas de *cookies* estadounidenses, como las *snickerdoodles* o las *graham crackers*.

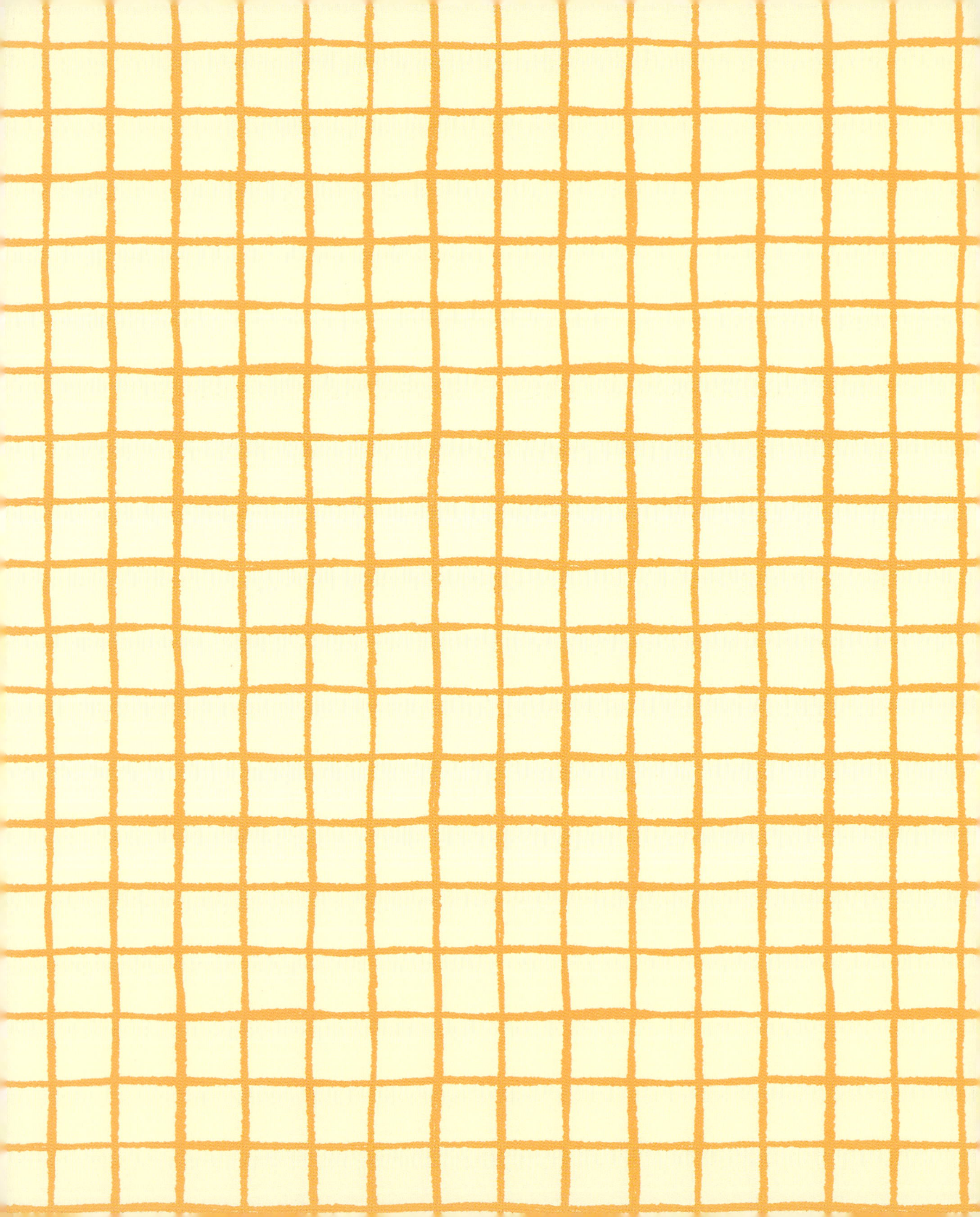

Consejos importantes

Esta nueva variedad se caracteriza, principalmente, por su gigantesco tamaño. En el libro vamos a preparar galletas de 100 gramos para mantenernos fieles a sus dimensiones originales. Siguen siendo, claro está, galletas inmensas, por lo que no hay que tener miedo de reducir su tamaño para conseguir unas galletas más «moderadas», si así lo preferimos.

En este caso, habrá que tener en cuenta que, si reducimos su tamaño, el tiempo de horneado se reducirá también. Para galletas de entre 40 y 50 gramos, el tiempo de cocción será de unos 10 minutos. Y para galletas de 70 gramos, de entre 12 y 14 minutos.

La conservación de las *cookies* es muy sencilla. En general, todas estarán perfectas de 3 a 7 días a temperatura ambiente, más de una semana en nevera o tres meses congeladas. Si llevan crema, las ablanda, por lo que, si las conservas decoradas, no solo ocuparán más espacio, sino que además es posible que se reblandezcan en exceso. Si en alguna preparación es necesario conservar la crema refrigerada obligatoriamente, aparecerá en la propia receta.

Por otro lado, la masa de las *cookies* se puede congelar en crudo, por lo que podremos guardarla ya en porciones y facilitar así el posterior horneado. El tiempo máximo recomendado de congelación es también de tres meses. Congelaremos la masa en porciones ya aplanadas y después dejaremos que se descongelen en la nevera, horneándolas como si la masa estuviera recién preparada. Si, al contrario, queremos hornearlas sin descongelar, tendremos que añadir un par de minutos al tiempo total de cocción y aplastarlas un poco más para evitar que queden muy doradas por fuera y crudas por dentro.

Respecto a la mejor forma de transportarlas, lo ideal es no apilarlas, para que no se estropeen si van decoradas. Necesitaremos cajas rectangulares, y las ideales son las que tienen un tamaño similar a las cajas de roscón o de pizza. Otra alternativa es usar bandejas de horno con tapa, que son reutilizables y muy cómodas, o transportarlas sin decorar y llevar la crema aparte.

Doble chocolate

Un lujo de galletas: húmedas y jugosas por el centro, crujientes y chiclosas por el borde y con una cobertura de chocolate irresistible que nos hará comerlas de dos en dos. El toque de sal las hace aún más adictivas.

INGREDIENTES

PARA LA MASA

115 g de mantequilla
225 g de panela
75 g de azúcar blanco
3 huevos camperos
315 g de chocolate negro 54 %, troceado
200 g de harina
40 g de cacao puro
½ cdta. de bicarbonato sódico

PARA LA CREMA

205 g de chocolate negro 54 % cacao
200 ml de nata para montar
1 cda. de glucosa (15 ml)
100 g de mantequilla

PARA DECORAR

un poquito de sal marina en escamas
o *sprinkles* de colores

SUSTITUCIONES

Para hacer la receta sin lácteos, sustituimos la mantequilla por manteca vegetal y la nata animal por nata de coco (necesitamos 140 ml de nata de coco para sustituir los 200 ml de nata de montar).

Para hacerla sin huevo, sustituimos cada unidad por un «huevo vegano».

Para hacerla sin gluten, sustituimos la harina por una mezcla comprada o casera de harina sin gluten, y reducimos un 20 % la grasa.

Para alergias a los frutos secos, solo tendremos que revisar que el chocolate no tenga trazas.

Comenzamos preparando la crema: troceamos el chocolate negro y lo colocamos en un bol resistente al calor. Ponemos la nata a calentar con la glucosa y, cuando comience a hervir, la vertemos sobre el chocolate. Removemos hasta que la mezcla sea homogénea. Incorporamos la mantequilla y volvemos a remover muy bien. Vertemos sobre una bandeja, filmamos a piel y dejamos reposar hasta que tenga la textura adecuada, similar a la de una crema de untar.

Para preparar la masa, fundimos con cuidado el chocolate negro con la mantequilla y reservamos hasta que la mezcla esté a temperatura ambiente. Mientras tanto, tamizamos el cacao con la harina y el bicarbonato. Reservamos.

Una vez la mezcla de chocolate negro y mantequilla ha vuelto a temperatura ambiente, incorporamos los dos tipos de azúcar y los huevos. Finalmente, añadimos los ingredientes secos. Preparamos bolas de 100 g con la masa y las refrigeramos durante 20 minutos.

Pasado ese tiempo preparamos nuestras bandejas de horno con papel. Precalentamos el horno a 180 °C con calor arriba y abajo o 165 °C si es con aire. Colocamos muy espaciadas las bolas sobre la bandeja, aplastándolas un poquito con la palma de la mano.

Horneamos unos 15 minutos y al sacarlas del horno mejoraremos su forma usando un cortador de galletas circular. No se trata de cortarlas, sino de moldearlas con el cortador. Giraremos el cortador en torno a las galletas hasta que cojan la forma deseada.

Como en este caso no podemos basarnos en si se doran o no para sacarlas del horno, porque no se ve, esperaremos hasta que se pongan mate. Una vez estén listas, las dejamos templar en la bandeja y después las transferimos a una rejilla para que se enfríen por completo.

Decoramos con la crema, que tendrá una textura similar a una crema de untar de chocolate y avellana, y añadimos las escamas de sal o los *sprinkles*.

Doble chocolate

1

2

3

4

5

6

7

8

Churro

Inspirada en el sabor del mismo nombre comercializado por la popular cadena Crumbl, esta galleta combina un delicioso aroma a canela con una irresistible crema de queso y un rebozado de azúcar crujiente que la sitúa a medio camino entre una *cookie*, un churro y un rollo de canela. Mi favorita.

INGREDIENTES

PARA LA MASA

225 g de mantequilla
200 g de azúcar moreno
2 huevos
360 g de harina
2 cdtas. de levadura química
2 cdtas. de canela

PARA REBOZAR

100 g de azúcar blanco
2 cdtas. de canela

PARA LA CREMA

65 g de mantequilla
140 g de azúcar glas
170 g de queso de untar
1 cdta. de canela

SUSTITUCIONES

Para hacer la receta sin lácteos, sustituimos la mantequilla por manteca vegetal. En la crema, además, sustituimos el queso por queso vegano.

Para hacerla sin huevo, sustituimos cada unidad por un «huevo vegano».

Para hacerla sin gluten, sustituimos la harina por una mezcla comprada o casera de harina sin gluten, y reducimos un 20 % la grasa.

Precalentamos el horno a 180 °C con calor arriba y abajo o a 165 °C si es con aire. Preparamos una bandeja de horno con papel.

Mezclamos el azúcar con la canela para rebozar, reservamos.

En otro recipiente, empezamos a preparar la masa mezclando la mantequilla con el azúcar moreno. Cuando la mezcla sea homogénea, incorporamos los huevos y, finalmente, la harina tamizada con la levadura química y la canela.

Repartimos la masa en porciones de 100 g, formamos unas bolas, las rebozamos en el azúcar con canela. Las colocamos muy espaciadas en la bandeja de horno y las aplastamos ligeramente.

Horneamos entre 15 y 18 minutos a la misma temperatura a la que hayamos precalentado el horno.

Al sacarlas del horno, mejoraremos su forma usando un cortador de galletas circular. No se trata de cortarlas, sino de moldearlas con el cortador. Giraremos el cortador en torno a las galletas hasta que cojan la forma deseada. Después, como estarán blanditas al salir del horno, las dejamos enfriar sobre la bandeja y después sobre una rejilla.

Para preparar la crema, tamizamos el azúcar glas con la canela. A continuación, lo batimos junto con la mantequilla con nuestras varillas eléctricas, manuales o de sobremesa, a velocidad máxima hasta que se integren. Tenemos que esperar hasta que esa mezcla sea perfectamente homogénea, esté aireada y se haya aclarado. Entonces, añadimos el queso, que ha de estar frío, y batimos, primero a velocidad baja y aumentando la velocidad hasta que la mezcla sea homogénea y cremosa. Cuanto más batamos, mayor consistencia tendrá la crema. Decoramos con una boquilla rizada (yo he usado la 4B) y una manga pastelera. Espolvoreamos con azúcar blanco mezclado con canela.

Churro

1

2

3

4

5

6

De cacao y avellanas

Un clásico ya de las *cookies* más «gochas». Con un relleno inacabable, yo prefiero presentarlas sin más decoración por encima que unos hililllos de crema de chocolate y avellana porque me parece que así ya están perfectas. Peeero... si queremos decorarlas por encima con la manga pastelera, podemos seguir la receta de la crema de decoración de las *cookies* de *speculoos* (página 34), sustituyendo, en los ingredientes, la crema de *speculoos* por una de cacao y avellanas.

Aquí utilizaremos un truco infalible para rellenar *cookies*: congelaremos el relleno con antelación para que nos sea más fácil de manejar y para que, una vez en el horno, no se caliente demasiado rápido el chocolate irresistible que nos hará comerlas de dos en dos. El toque de sal las hace aún más adictivas.

INGREDIENTES

PARA LA MASA

330 g de mantequilla
300 g de azúcar moreno
3 huevos
540 g de harina
3 cdtas. de levadura química

PARA EL RELLENO

25 g de crema de cacao y avellanas por cada *cookie*

PARA DECORAR

un poco de crema de cacao y avellanas
crocanti de avellana

SUSTITUCIONES

Para hacer la receta sin lácteos, sustituimos la mantequilla por manteca vegetal y elegimos una crema de cacao y avellana a base de leche vegetal, disponible en muchos supermercados.

Para hacerla sin huevo, sustituimos cada unidad por un «huevo vegano».

Para hacerla sin gluten, sustituimos la harina por una mezcla comprada o casera de harina sin gluten, y reducimos un 20 % la grasa.

La receta no es apta para alergias a los frutos secos, porque el ingrediente principal de la crema son las avellanas.

Usando una cuchara de helado o una manga pastelera, depositamos porciones de 25 g del relleno sobre un papel de horno o un tapete de silicona y lo metemos al congelador.

Una vez el relleno esté totalmente congelado (depende del congelador, pero normalmente en una hora está perfecto), precalentamos el horno a 180 °C con calor arriba y abajo o a 165 °C si es con aire. Preparamos una bandeja de horno con papel.

Comenzamos mezclando la mantequilla con el azúcar moreno. Cuando la mezcla sea homogénea, incorporamos los huevos y, finalmente, la harina tamizada con la levadura química.

Repartimos la masa en porciones de 100 g y refrigeramos durante 15 minutos. Aplastamos cada bola y la rellenamos con el relleno congelado. Cerramos bien las bolas y las colocamos muy espaciadas en la bandeja de horno, aplastándolas ligeramente. Horneamos entre 15 y 18 minutos y, como siempre, mejoramos la forma con un cortador. Estarán blanditas al salir del horno. Dejamos enfriar sobre la bandeja y después sobre una rejilla.

Como toque final, calentaremos un poquito de la crema de cacao y avellanas en el microondas, unos 15 segundos, para que esté más fluida, y la usaremos para decorar nuestras galletas, espolvoreando por encima un poco de crocanti de avellana. Alternativamente, como explico en la introducción de la receta, podemos preparar una crema con sabor a cacao y avellana y usarla con nuestra manga pastelera o una espátula, tal y como hacemos en las *cookies* de sabor a *speculoos*.

De cacao y avellanas

1

2

3

4

5

6

7

De speculoos

INGREDIENTES

PARA LA MASA

160 g de mantequilla
60 g de crema de *speculoos*
150 g de azúcar moreno
50 g de panela
2 huevos
360 g de harina
2 cdtas. de levadura química
100 g de *chips* de chocolate con leche
8 galletas *speculoos* en trozos

PARA LA CREMA

65 g de mantequilla
140 g de azúcar glas
100 g de queso de untar
50 g de crema de *speculoos*

PARA DECORAR

crema de *speculoos*
galletas *speculoos*

SUSTITUCIONES

Para hacer la receta sin lácteos, elaboramos las *speculoos* caseras adaptando la receta de la página 240. La crema de *speculoos* del supermercado no contiene trazas de leche. Además, sustituimos la mantequilla por manteca vegetal y el queso por queso vegano.

Para hacerla sin huevo, sustituimos cada unidad por un «huevo vegano».

Para hacerla sin gluten, elaboramos las *speculoos* caseras adaptando la receta de la página 240. Además, sustituimos la crema de *speculoos* por mantequilla o crema de frutos secos, y la harina por una mezcla comprada o casera de harina sin gluten.

Este es, sin duda, uno de los sabores de moda. Si quieres prepararlas y, además, rellenarlas de crema de *speculoos* para disfrutar de un sabor aún más intenso, hazlo de la misma forma que lo hago yo en la receta de las *cookies* de crema de cacao y avellanas (página 30).
Por cierto, podemos hacer nuestras propias galletas *speculoos* auténticas, en su versión tradicional, con la receta que hay en este mismo libro (página 240).

Precalentamos el horno a 180 °C con calor arriba y abajo o a 165 °C si es con aire. Preparamos una bandeja de horno con papel.

Para la masa, comenzamos mezclando la mantequilla con la crema de *speculoos,* el azúcar moreno y la panela. Cuando la mezcla sea homogénea, incorporamos los huevos y, finalmente, la harina tamizada con la levadura química. Añadimos los chips de chocolate y las galletas *speculoos* troceadas.

Repartimos la masa en porciones de 100 g, las colocamos espaciadas sobre la bandeja de horno y las aplastamos ligeramente.

Horneamos entre 15 y 18 minutos y damos forma con un cortador. Estarán aún blanditas al salir del horno. Dejamos enfriar sobre la bandeja y después sobre una rejilla.

Para la crema, tamizamos el azúcar glas y batimos con la mantequilla y la crema de *speculoos*. Batimos con las varillas hasta que la mezcla esté totalmente integrada. Incorporamos el queso. Batimos de nuevo hasta que la mezcla se aclare y gane volumen, como si «montara». Debemos rebañar varias veces para evitar que queden grumos.

Usando una espátula o manga pastelera, decoramos con la crema que habíamos preparado. Además, podemos echar un poquito de la otra crema de *speculoos,* la que hemos comprado para la elaboración anterior, que habremos calentado previamente durante 15 segundos en el microondas para que sea un poco más manejable. Por último, colocamos trocitos de *speculoos* encima de cada galleta.

De speculoos

1

2

3

4

5

6

De pistacho

INGREDIENTES

PARA LA MASA

225 g de mantequilla
100 g de azúcar moreno
80 g de azúcar blanco
2 huevos
350 g de harina
2 cdtas. de levadura química
60 g de pistachos picados no salados
60 g de *chips* de chocolate blanco

PARA REBOZAR

100 g de pistachos picados

PARA LA CREMA

50 g de mantequilla
105 g de azúcar glas
75 g de queso de untar
entre 30 y 50 g de pasta de pistacho*

* Existe una gran variedad de pastas de pistacho, cada una de ellas con diferentes porcentajes de este fruto seco. Por ello, es importante que pruebes la crema y ajustes el sabor. Podemos usar pasta de pistacho tostado o crudo. Las pastas más puras aportan más sabor, pero también pueden resultar menos dulzonas. Las cremas que no son puras suelen aportar menos intensidad de sabor, pero también aumentar el dulzor de nuestras *cookies*.

SUSTITUCIONES

Para hacer la receta sin lácteos, sustituimos la mantequilla por manteca vegetal y usamos versiones veganas del queso y de los *chips* de chocolate blanco.

Para hacerla sin huevo, sustituimos cada unidad por un «huevo vegano».

Sé que he afirmado hace muy pocas páginas que mis *cookies* favoritas son las de churro, pero… cuando pienso en estas de pistacho, ¡confieso que me es difícil elegir! Si en casa os gustan los pistachos, esta receta os va a enamorar. Y si los pistachos no tienen mucho éxito, estoy segura de que estas galletas os van a hacer cambiar de opinión.

Precalentamos el horno a 180 °C con calor arriba y abajo o a 165 °C si es con aire. Preparamos una bandeja de horno con papel.

Comenzamos mezclando la mantequilla con el azúcar moreno y el blanco. Cuando la mezcla sea homogénea, incorporamos los huevos y, finalmente, la harina y la levadura química. Añadimos los pistachos picados y los *chips* de chocolate blanco y volvemos a mezclar bien.

Repartimos la masa en porciones de 100 g. Rebozamos cada bola con los pistachos picados. Las colocamos muy espaciadas en la bandeja de horno y las aplastamos ligeramente. Horneamos entre 15 y 18 minutos a 180 °C, o a 165 °C si es con aire. Al sacarlas del horno, mejoraremos su forma usando un cortador de galletas circular. No se trata de cortarlas, sino de moldearlas con el cortador. Giraremos el cortador en torno a las galletas hasta que tengan la forma deseada. Saldrán blanditas del horno. Dejamos enfriar unos minutos en la bandeja y después por completo sobre una rejilla antes de decorarlas.

De pistacho

SUSTITUCIONES

Para hacerla sin gluten, sustituimos la harina por una mezcla comprada o casera de harina sin gluten, y reducimos un 20 % la grasa.

La receta no es apta para alergia a los frutos secos porque el pistacho es el ingrediente estrella.

Para preparar la crema, tamizamos el azúcar glas y añadimos la mantequilla. Batimos con las varillas hasta que la mezcla esté totalmente integrada. Incorporamos el queso y la pasta de pistacho. Batimos de nuevo hasta que la mezcla se aclare y crezca su volumen. Es como si «montara». Debemos rebañar varias veces para evitar que queden grumos.

Usamos la crema para decorar las galletas con la espátula.

1

2

3

4

5

6

De vainilla

Un sabor clásico, pero no por ello menos imprescindible. El truco para que estas galletas sean un éxito es usar una vainilla de gran calidad: podemos usar las semillas de una vaina de vainilla o una pasta de vainilla de buena calidad, como hago yo, ya que aporta un sabor muy concentrado y delicioso.

INGREDIENTES

PARA LA MASA

225 g de mantequilla
200 g de azúcar blanco
2 huevos
350 g de harina
2 cdtas. de levadura química
2 cdtas. de vainilla en pasta o en extracto o las semillas de una vaina de vainilla

PARA LA CREMA

45 g de clara de huevo fresca o pasteurizada
90 g de azúcar blanco
130 g de mantequilla a temperatura ambiente
2 cdtas. de vainilla en pasta o en extracto o las semillas de una vaina de vainilla

PARA DECORAR

sprinkles de colores o fideos de chocolate (opcional)

SUSTITUCIONES

Para hacer la receta sin lácteos, sustituimos la mantequilla por manteca vegetal.

Para hacerla sin huevo, en la masa, sustituimos cada unidad por un «huevo vegano», y en la crema simplemente sustituimos la clara por la misma cantidad de aquafaba.

Para hacerla sin gluten, sustituimos la harina por una mezcla comprada o casera de harina sin gluten, y reducimos un 20 % la grasa.

Precalentamos el horno a 180 °C con calor arriba y abajo o a 165 °C si es con aire. Preparamos una bandeja de horno con papel.

Comenzamos mezclando la mantequilla con el azúcar blanco. Cuando la mezcla sea homogénea, incorporamos los huevos y la vainilla y, finalmente, la harina tamizada con la levadura química. Repartimos la masa en porciones de 100 g, las boleamos y las aplastamos un poco. Las colocamos muy espaciadas en la bandeja de horno.

Horneamos entre 15 y 18 minutos a 180 °C o a 165 °C si es con aire. Al sacarlas del horno mejoraremos su forma usando un cortador de galletas circular. No se trata de cortarlas, sino de moldearlas. Giraremos el cortador en torno a las galletas hasta que cojan la forma deseada, ya que estarán blanditas al salir del horno. Dejamos enfriar sobre la bandeja y después sobre una rejilla.

Para preparar la crema, primero calentamos al baño maría las claras de huevo con el azúcar sin dejar de remover hasta que el azúcar esté totalmente disuelto. Si usamos claras frescas no pasteurizadas, tendremos que asegurarnos con un termómetro de que la mezcla haya alcanzado 74 °C, para así garantizar la seguridad alimentaria.

Una vez la mezcla está lista, la retiraremos del baño maría y la pasaremos al recipiente de la batidora. Batimos a velocidad media-alta hasta que se monten y tengamos un merengue bien firme. Una vez conseguido, añadimos poco a poco la mantequilla a temperatura ambiente hasta obtener una crema sedosa. Si se corta, seguimos batiendo hasta que emulsione. Pasados unos minutos tendremos una crema espectacular. Añadimos la vainilla.

Decoramos nuestras *cookies* con esta masa usando una espátula o la manga pastelera. Y, si queremos, le añadimos los *sprinkles* o fideos de chocolate.

De vainilla

1

2

3

4

5

Red velvet

Era imposible no incluir este sabor tan mítico en nuestra selección de *cookies*. La combinación de vainilla con un toque de cacao y la crema de queso hace que cada bocado sea una delicia. Para obtener un color perfecto, usaremos colorante en pasta rojo. Además, guardaremos una *cookie* (u hornearemos un poco de la masa sobrante) para poder decorar las demás con miguitas.

INGREDIENTES

PARA LA MASA

225 g de mantequilla a temperatura ambiente
190 g de azúcar moreno
2 huevos
330 g de harina
2 cdtas. de levadura química
30 g de cacao puro
colorante rojo extra en pasta, al gusto
1 cdta. de pasta de vainilla
1 cdta. de emulsión de *red velvet* (opcional)
100 g de *chips* de chocolate blanco

PARA LA CREMA

100 g de mantequilla
200 g de azúcar glas
150 g de queso de untar

SUSTITUCIONES

Para hacer la receta sin lácteos, sustituimos la mantequilla por manteca vegetal y el queso por queso vegano. Usamos *chips* de chocolate blanco veganas, o también podemos sustituirlas por trozos de chocolate blanco vegano u omitirlas.

Para hacerla sin huevo, sustituimos cada unidad por un «huevo vegano».

Para hacerla sin gluten, sustituimos la harina por una mezcla comprada o casera de harina sin gluten, y reducimos un 20 % la grasa.

Precalentamos el horno a 180 °C con calor arriba y abajo o a 165 °C si es con aire. Preparamos una bandeja de horno con papel.

Comenzamos mezclando la mantequilla con el azúcar. Cuando la mezcla sea homogénea, incorporamos los huevos y, finalmente, la harina tamizada con la levadura química y el cacao. Añadimos el colorante, la emulsión (si la vamos a usar) y finalmente los *chips* de chocolate blanco.

Repartimos la masa en porciones de 100 g. Las colocamos muy espaciadas en la bandeja de horno y las aplastamos ligeramente. Horneamos entre 15 y 18 minutos y, al sacarlas del horno, mejoraremos su forma usando un cortador de galletas circular. No se trata de cortarlas, sino de moldearlas. Giraremos el cortador en torno a las galletas hasta que cojan la forma deseada. Estarán blanditas al salir del horno. Dejamos enfriar sobre la bandeja y después sobre una rejilla. Si nos ha sobrado un poco de masa, la hornearemos y la usaremos después, picada, para decorar nuestras galletas.

Tamizamos el azúcar glas, lo mezclamos con la mantequilla y batimos con las varillas hasta que la mezcla está totalmente integrada. Incorporamos el queso. Batimos de nuevo hasta que la mezcla se aclare y gane volumen. Es como si «montara». Debemos rebañar varias veces para evitar que queden grumos.

Una vez frías las galletas, las decoraremos con la crema usando la manga pastelera o una espátula, y espolvorearemos por encima las migas de una de las galletas, usando un colador para garantizar una regularidad en el tamaño de las migas.

Red velvet

1

2

3

4

5

6

Chocolate chunk cookies

La mantequilla avellana convierte estas galletas en una absoluta delicia. El truco está en elaborarla con tiempo, para que regrese a temperatura ambiente y tenga la perfecta textura de pomada. La intensidad de su sabor, junto con un buen chocolate, hará de estas galletas un éxito asegurado.

INGREDIENTES

PARA LA MASA

225 g de mantequilla avellana a temperatura ambiente (necesitamos 300 g de mantequilla para prepararla)
125 g de azúcar moreno
75 g de panela
2 huevos
360 g de harina
1½ cdta. de levadura química
¼ cdta. de bicarbonato sódico
2 cdtas. de vainilla en pasta o extracto
180 g de tableta de chocolate negro 60 o 70 % cacao picada en trozos de diferente tamaño

SUSTITUCIONES

Para hacer la receta sin lácteos, prescindimos de la mantequilla avellana y simplemente usamos manteca vegetal.

Para hacerla sin huevo, sustituimos cada unidad por un «huevo vegano».

Para hacerla sin gluten, sustituimos la harina por una mezcla comprada o casera de harina sin gluten, y reducimos un 20 % la grasa.

Para alergias a los frutos secos, solo tendremos que revisar que el chocolate no tenga trazas.

Comenzamos preparando la mantequilla avellana. Calentamos la mantequilla en un cazo lentamente hasta que empiece a oscurecerse y tome un bonito color dorado; la temperatura estará en torno a los 130 °C. ¡Cuidado, quema muchísimo! Reservamos y colamos a través de una tela tipo muselina para retirar los sólidos lácticos. Luego dejamos que vuelva a temperatura ambiente y solidifique de nuevo. Podemos acelerar este proceso metiéndola en la nevera, pero es importante que para usarla en la masa esté a temperatura ambiente.

Precalentamos el horno a 180 °C con calor arriba y abajo o a 165 °C si es con aire. Preparamos una bandeja de horno con papel.

Comenzamos mezclando la mantequilla avellana con el azúcar moreno y la panela. Cuando la mezcla sea homogénea, incorporamos los huevos, la vainilla y, finalmente, la harina tamizada con la levadura química y el bicarbonato. Añadimos el chocolate troceado.

Repartimos la masa en porciones de 100 g, las boleamos y las aplastamos un poco. Las colocamos muy espaciadas en la bandeja de horno y horneamos entre 15 y 18 minutos. Al sacarlas del horno mejoraremos su forma usando un cortador de galletas circular. No se trata de cortarlas, sino de moldearlas un poco. Giraremos el cortador en torno a las galletas hasta que cojan la forma deseada.

Saldrán blanditas del horno. Dejamos enfriar unos minutos en la bandeja y después por completo sobre una rejilla antes de hincarles el diente.

Chocolate chunk cookies

1

2

3

4

5

De cookies & cream

INGREDIENTES

PARA LA MASA

225 g de mantequilla avellana a temperatura ambiente (necesitamos 300 g de mantequilla para prepararla)
180 g de azúcar moreno
2 huevos
340 g de harina
2 cdtas. de levadura química
2 cdtas. de vainilla en pasta o extracto
6 galletas de cacao rellenas de crema picadas (con el relleno)
6 galletas de cacao rellenas de crema en trozos más grandes (también con el relleno incluido)

PARA LA CREMA

50 g de mantequilla
130 g de azúcar glas
90 g de queso de untar
4 galletas de cacao rellenas de crema, picadas

SUSTITUCIONES

Para hacer la receta sin lácteos, prescindimos de la mantequilla avellana y simplemente usamos manteca vegetal. Usamos alternativas veganas para el queso y las galletas, que a veces contienen trazas de leche.

Para hacerla sin huevo, sustituimos cada unidad por un «huevo vegano».

Para hacerla sin gluten, sustituimos la harina por una mezcla comprada o casera de harina sin gluten, y reducimos un 20 % la grasa. Además, usamos galletas sin gluten, a la venta en muchos supermercados.

En este libro hay dos recetas vinculadas a estas míticas galletas: la de la versión casera y la de estas *supercookies* cargadas del sabor de las típicas galletas de cacao rellenas de crema. Además, existen variedades de estas galletas sin gluten en los supermercados, por lo que podremos elaborarlas cien por cien aptas para personas celiacas sin grandes complicaciones.

Elaboramos la mantequilla avellana. Calentamos la mantequilla en un cazo lentamente hasta que empiece a oscurecerse y tome un bonito color dorado; la temperatura estará en torno a los 130 °C. ¡Cuidado, quema muchísimo! Reservamos y colamos a través de una tela tipo muselina para retirar los sólidos lácticos. Luego dejamos que vuelva a temperatura ambiente y solidifique de nuevo. Podemos acelerar este proceso metiéndola en la nevera, pero es importante que para usarla en la masa esté a temperatura ambiente.

Precalentamos el horno a 180 °C con calor arriba y abajo o a 165 °C si es con aire. Preparamos una bandeja de horno con papel.

Comenzamos mezclando la mantequilla con el azúcar. Cuando la mezcla sea homogénea, incorporamos los huevos, la vainilla y, después, la harina tamizada con la levadura química. Añadimos las galletas picadas y, finalmente, las troceadas.

Repartimos la masa en porciones de 100 g, decorando cada bola con algunos trocitos extra de galletas de cacao rellenas de crema, y aplastamos ligeramente. Las colocamos muy espaciadas en la bandeja de horno y las horneamos entre 15 y 18 minutos. Al sacarlas del horno mejoraremos su forma usando un cortador de galletas circular. No se trata de cortarlas, sino de moldearlas un poco. Giraremos el cortador en torno a las galletas hasta que cojan la forma deseada.

Saldrán blanditas del horno. Dejamos enfriar unos minutos en la bandeja y después por completo sobre una rejilla antes de decorarlas.

▼

De cookies & cream

Para la crema, tamizamos el azúcar glas y añadimos la mantequilla. Batimos con las varillas hasta que la mezcla esté totalmente integrada. Incorporamos el queso. Batimos de nuevo hasta que la mezcla se aclare y gane volumen. Es como si «montara». Debemos rebañar varias veces para evitar que queden grumos. Añadimos las galletas picadas y batimos de nuevo, reservando algunos trocitos de galleta para decorar por encima.

Decoramos las *cookies* usando una espátula y muchas migas de galleta.

1

2

3

4

5

6

De tarta de zanahoria

¿Tarta de zanahoria en forma de *cookie*? Sí, es posible. Ya en mi primer libro de galletas, *Objetivo: galleta perfecta* (2014), propuse convertir este clásico bizcocho de la repostería estadounidense en una deliciosa galleta. En esta ocasión, prepararemos una versión mejorada, con más sabor y una textura absolutamente irresistible, con zanahorias, nueces pecanas y copos de avena.

INGREDIENTES

PARA LA MASA

230 g de mantequilla
200 g de panela
2 huevos
100 g de zanahorias peladas y picadas finamente
80 g de nueces pecanas peladas y troceadas
50 g de pasas (opcional)
50 g de copos de avena
300 g de harina
1½ cdta. de levadura química
½ cdta. de bicarbonato sódico
1 cdta. de canela en polvo

PARA LA CREMA

75 g de mantequilla
200 g de azúcar glas
140 g de queso de untar

SUSTITUCIONES

Para hacer la receta sin lácteos, sustituimos la mantequilla por manteca vegetal y el queso por queso vegano.

Para hacerla sin huevo, sustituimos cada unidad por un «huevo vegano».

Para hacerla sin gluten, sustituimos la harina por una mezcla comprada o casera de harina sin gluten, y reducimos un 20 % la grasa.

Para alergias a los frutos secos, omitimos las nueces.

Precalentamos el horno a 180 °C con calor arriba y abajo o a 165 °C si es con aire. Preparamos una bandeja de horno con papel.

Comenzamos mezclando la mantequilla con el azúcar moreno. Cuando la mezcla sea homogénea, incorporamos los huevos y la harina tamizada con la levadura química, el bicarbonato y la canela. Incorporamos los copos de avena. Añadimos la zanahoria rallada, las nueces y las pasas (si las vamos a usar).

Repartimos la masa en porciones de 100 g y las aplastamos ligeramente. Las colocamos muy espaciadas en la bandeja de horno. La masa es pegajosa, así que podemos ayudarnos para aplastarlas con una cuchara humedecida. Horneamos entre 15 y 18 minutos. Mejoraremos su forma usando un cortador de galletas circular. No se trata de cortarlas, sino de moldearlas un poco. Giraremos el cortador en torno a las galletas hasta que cojan la forma deseada.

Saldrán blanditas del horno. Dejamos enfriar unos minutos en la bandeja y después por completo sobre una rejilla antes de decorarlas.

Tamizamos el azúcar glas y batimos con la mantequilla. Batimos con las varillas hasta que la mezcla está totalmente integrada. Incorporamos el queso. Batimos de nuevo hasta que la mezcla se aclare y gane volumen. Es como si «montara». Debemos rebañar varias veces para evitar que queden grumos.

Una vez frías las galletas, las decoraremos con la crema usando la manga pastelera o una espátula, y espolvorearemos por encima trocitos de nueces pecanas.

De tarta de zanahoria

1

2

3

4

5

6

De menta con chocolate

INGREDIENTES

PARA LA MASA

115 g de mantequilla a temperatura ambiente
225 g de panela
75 g de azúcar blanco
3 huevos
315 g de chocolate negro 54 % cacao, troceado
200 g de harina
40 g de cacao puro
1½ cdta. de bicarbonato sódico
100 g de *chips* de chocolate negro
aproximadamente 1 cdta. de extracto de menta o pasta de menta

SALSA DE *FUDGE* DE CHOCOLATE

50 g chocolate negro 54 % cacao, troceado
15 g de mantequilla
20 g de glucosa. sirope de maíz o miel
30 ml de agua (1 cda.)

PARA LA CREMA

65 g de mantequilla
140 g de azúcar glas
100 g de queso de untar
colorante verde en pasta o gel
1 cdta. de extracto de menta

SUSTITUCIONES

Para hacer la receta sin lácteos, sustituimos la mantequilla por manteca vegetal y el queso por queso vegano.

Para hacerla sin huevo, sustituimos cada unidad por un «huevo vegano».

Para hacerla sin gluten, sustituimos la harina por una mezcla comprada o casera de harina sin gluten, y reducimos un 20 % la grasa.

Para alergias a los frutos secos, revisamos que los *chips* de chocolate no tengan trazas.

Esta clásica combinación de sabores tiene tantos amantes como detractores. La clave para el éxito es muy sencilla: ajustar muy bien la cantidad de extracto o aroma de menta. Dependiendo de la marca, algunos pueden estar muy concentrados y, si nos excedemos, las *cookies* sabrán a pasta de dientes en lugar de a galletas.

Preparamos el *fudge* de chocolate calentando todos los ingredientes en un cazo hasta conseguir una mezcla homogénea. Conservamos con un film a piel hasta el momento de usarlo.

Precalentamos el horno a 180 °C con calor arriba y abajo o a 165 °C si es con aire. Preparamos una bandeja de horno con papel.

Fundimos el chocolate negro con la mantequilla y reservamos hasta que vuelva a temperatura ambiente. Tamizamos el cacao con la harina y el bicarbonato. Reservamos.

Una vez la mezcla de chocolate negro y mantequilla ha vuelto a temperatura ambiente, incorporamos los dos tipos de azúcar, el extracto de menta y el huevo. Añadimos los ingredientes secos y mezclamos. Incorporamos los *chips* de chocolate negro.

Separamos la masa en bolas de 100 g, las colocamos muy espaciadas en la bandeja de horno y las aplastamos ligeramente. Refrigeramos durante 20 minutos.

Horneamos entre 15 y 18 minutos. Mejoraremos su forma usando un cortador de galletas circular. No se trata de cortarlas, sino de moldearlas un poco. Giraremos el cortador en torno a las galletas hasta que cojan la forma deseada. Dejamos enfriar sobre la bandeja y después sobre una rejilla.

Tamizamos el azúcar glas y batimos con la mantequilla y el extracto de menta. Batimos con las varillas hasta que la mezcla está totalmente integrada. Incorporamos el queso. Batimos de nuevo hasta que la mezcla se aclare y gane volumen. Es como si «montara». Debemos rebañar varias veces para evitar que queden grumos. Incorporamos el colorante.

Decoramos las galletas y espolvoreamos las chispitas de chocolate.

De menta con chocolate

1

2

3

4

5

6

7

8

De limón con arándanos

Las favoritas de mi padre. Una deliciosa masa de galleta de limón con una cobertura crujiente de azúcar, crema de nata y queso y una exquisita salsa de arándanos casera.

La crema y la salsa necesitan refrigeración por lo que, si no vamos a comerlas en el día, podemos optar por conservar las galletas sin decorar y guardar la salsa y la crema en la nevera (ya que si las decoramos ocupan muchísimo más).

INGREDIENTES

PARA LA MASA

225 g de mantequilla
200 g de azúcar blanco
2 huevos
360 g de harina
2 cdtas. de levadura química
la ralladura de dos limones

PARA REBOZAR

azúcar blanco

PARA LA SALSA

160 g de arándanos
30 g de azúcar blanco
15 ml de agua (1 cda.)
½ cda. de maicena (4 g)

PARA LA CREMA

75 g de queso crema frío
135 ml de nata para montar bien fría
30 g de azúcar glas
la ralladura de un limón

SUSTITUCIONES

Para hacer la receta sin lácteos, sustituimos la mantequilla por manteca vegetal, y usamos queso vegano y nata vegetal.

Para hacerla sin huevo, sustituimos cada unidad por un «huevo vegano».

Para hacerla sin gluten, sustituimos la harina por una mezcla comprada o casera de harina sin gluten, y reducimos un 20 % la grasa.

Empezamos por la salsa: calentamos los arándanos con el azúcar hasta que se ablanden. Si están muy firmes, podemos añadir una cucharada de agua. Cuando estén blanditos, añadimos la maicena mezclada con el agua y calentamos hasta que espese. Dejamos enfriar por completo, filmado a piel.

Precalentamos el horno a 180 °C con calor arriba y abajo o a 165 °C si es con aire. Preparamos una bandeja de horno con papel.

Comenzamos mezclando la mantequilla con el azúcar blanco y la ralladura de limón. Cuando la mezcla sea homogénea, incorporamos los huevos y, finalmente, la harina tamizada con la levadura química.

Repartimos la masa en porciones de 100 g y las rebozamos en azúcar blanco. Las colocamos muy espaciadas en la bandeja de horno y las aplastamos ligeramente.

Horneamos entre 15 y 18 minutos. Al sacarlas del horno, mejoraremos su forma usando un cortador de galletas circular. No se trata de cortarlas, sino de moldearlas un poco. Giraremos el cortador en torno a las galletas hasta que cojan la forma deseada. Estarán blanditas al salir del horno. Dejamos enfriar sobre la bandeja y después sobre una rejilla.

Para la crema, tamizamos el azúcar glas y lo mezclamos con el queso y la ralladura de limón. Batimos con las varillas hasta que la mezcla está totalmente integrada. Incorporamos la nata. Batimos de nuevo hasta que gane volumen. Decoramos las *cookies* con la crema y, por encima, con la salsa de arándanos.

De limón con arándanos

1

2

3

4

5

6

7

8

De coco

INGREDIENTES

PARA LA MASA

225 g de mantequilla o de aceite de coco a temperatura ambiente
115 g de azúcar blanco
85 g de panela
2 huevos
320 g de harina
80 g de coco rallado
2 cdtas. de levadura química

PARA REBOZAR

coco rallado

PARA LA CREMA

100 g de queso crema frío
200 ml de nata de coco bien fría*
60 g de azúcar glas

PARA EL *TOPPING*

15 g de mantequilla fría en cubos
15 g de panela
15 g de harina
15 g de coco rallado

* La nata de coco la podemos obtener de un bote de leche de coco, usando solo la parte superior más densa, que se separa al refrigerarlo.

SUSTITUCIONES

Para hacer la receta sin lácteos, sustituimos la mantequilla por aceite de coco y el queso por queso vegano.

Para hacerla sin huevo, sustituimos cada unidad por un «huevo vegano».

Para hacerla sin gluten, sustituimos la harina por una mezcla comprada o casera de harina sin gluten, y reducimos un 20 % la grasa.

Pensada para los amantes del coco, esta *cookie* es espectacularmente jugosa y tiene un *topping* crujiente irresistible. Perfecta para una mesa dulce de verano con un toque tropical.

Precalentamos el horno a 180 °C con calor arriba y abajo o a 165 °C si es con aire. Preparamos una bandeja de horno con papel.

Para la masa, comenzamos mezclando la mantequilla o el aceite de coco con el azúcar blanco. Cuando la mezcla sea homogénea, incorporamos los huevos y, finalmente, la harina tamizada con la levadura química. Repartimos la masa en porciones de 100 g y las rebozamos en coco rallado. Las colocamos muy espaciadas y las aplastamos ligeramente.

Horneamos entre 15 y 18 minutos. Al sacarlas del horno mejoraremos su forma usando un cortador de galletas circular. No se trata de cortarlas, sino de moldearlas un poco. Giraremos el cortador en torno a las galletas hasta que cojan la forma deseada. Estarán blanditas al salir del horno. Dejamos enfriar sobre la bandeja y después sobre una rejilla.

Para preparar el *topping*, primero integramos todos los ingredientes con una picadora o robot de cocina hasta que tenga la consistencia de unas migas. Extendemos sobre una bandeja de horno y horneamos en torno a 20 minutos o hasta que la mezcla esté doradita. Dejamos enfriar por completo antes de usarla para decorar nuestras *cookies*.

Para preparar la crema, batimos el queso con el azúcar glas. Cuando esté bien integrado, añadimos la nata de coco. Batimos hasta que crezca su volumen. Decoramos las *cookies* con la crema, y por encima ponemos el *topping*.

De coco

1

2

3

4

5

6

7

8

De granola de frambuesa

INGREDIENTES

PARA LA MASA

225 g de mantequilla
200 g de azúcar moreno
2 huevos
300 g de harina
2 cdtas. de levadura química
70 g de copos de avena

PARA LA CREMA

75 g de mascarpone frío
135 ml de nata para montar bien fría
15 g de azúcar glas

PARA LA SALSA

200 g de frambuesas
60 g de azúcar blanco
10 ml de agua (2 cdtas.)
1 cda. de maicena (8 g)

PARA EL *CRUMBLE*

50 g de harina
20 g de almendra molida
50 g de mantequilla muy fría en cubos
25 g de azúcar moreno
una pizca de sal
50 g de copos de avena enteros

SUSTITUCIONES

Para hacer la receta sin lácteos, sustituimos la mantequilla por manteca vegetal, el mascarpone por queso de untar vegano y la nata por una alternativa vegetal. Si la nata ya está endulzada, omitimos el azúcar glas.

Una *cookie* de avena superjugosa cubierta por una deliciosa crema de mascarpone y una salsa de frambuesa con un toque de acidez. Un bocado increíble.

Mezclamos todos los ingredientes del *crumble,* menos los copos de avena, con la picadora. Añadimos los copos de avena, mezclamos y horneamos a 180 °C durante 20 minutos o hasta que esté dorado. Reservamos.

Para preparar la salsa, calentamos las frambuesas con el azúcar hasta que se ablanden. Una vez estén blanditas añadimos la maicena mezclada con el agua y calentamos hasta que espese. Dejamos enfriar por completo, filmado a piel.

Precalentamos el horno a 180 °C con calor arriba y abajo o a 165 °C si es con aire. Preparamos una bandeja de horno con papel.

Para preparar la masa, comenzamos mezclando la mantequilla con el azúcar. Cuando la mezcla sea homogénea, incorporamos los huevos, los copos de avena y, finalmente, la harina tamizada con la levadura química.

Repartimos la masa en porciones de 100 g. Las colocamos muy espaciadas en la bandeja de horno y las aplastamos ligeramente.

Horneamos entre 15 y 18 minutos. Al sacarlas del horno, mejoraremos su forma usando un cortador de galletas circular. No se trata de cortarlas, sino de moldearlas un poco. Giraremos el cortador en torno a las galletas hasta que cojan la forma deseada. Estarán blanditas al salir del horno. Dejamos enfriar sobre la bandeja y después sobre una rejilla.

De granola de frambuesa

SUSTITUCIONES

Para hacerla sin huevo, sustituimos cada unidad por un «huevo vegano».

Para hacerla sin gluten, sustituimos la harina por una mezcla comprada o casera de harina sin gluten y revisamos que los copos de avena tengan la certificación sin gluten, y reducimos un 20 % la grasa.

Para alergias a los frutos secos, sustituimos la almendra del *crumbl* por harina común.

Para la crema, tamizamos el azúcar glas y batimos con el mascarpone hasta que la mezcla esté totalmente integrada. Incorporamos la nata. Batimos de nuevo hasta que gane volumen. Decoramos las *cookies* con la crema haciendo una barrera, usando una boquilla redonda grande (yo he usado la 2A). Rellenamos el espacio que hemos creado con la crema usando la salsa de frambuesa y decoramos con la granola.

1

2

3

4

5

6

7

8

9

10

11

De limón y semillas de amapola

INGREDIENTES

PARA LA MASA

200 g de mantequilla
100 g de azúcar glas
310 g de harina
una pizca de sal
la ralladura de un limón
1 cda. de semillas de amapola

PARA LA SALSA

2 yemas
60 ml de zumo de limón
45 g de azúcar blanco
½ cda. de maicena (4 g)
30 g de mantequilla

PARA LA CREMA

80 g de mantequilla
160 g de azúcar glas
130 g de queso de untar
30 g de chocolate blanco fundido

SUSTITUCIONES

Para hacer la receta sin lácteos, sustituimos la mantequilla por manteca vegetal y el queso por queso vegano, y utilizamos chocolate blanco vegano.

Para hacerla sin huevo, sustituimos las yemas. Para ello, aumentamos la cantidad de maicena a 2 cucharadas. Disolvemos en el zumo de limón, añadimos 60 ml de leche (de vaca o vegetal) y mezclamos con el azúcar. Calentamos a fuego medio hasta que espese. Retiramos y añadimos 30 g de mantequilla o la manteca vegetal. Vertemos en un bol y dejamos enfriar filmado a piel.

Para hacerla sin gluten, sustituimos la harina por una mezcla comprada o casera de harina sin gluten, y reducimos un 20 % la grasa.

Unas galletas sumamente delicadas que por sí solas, sin aderezos, son irresistibles. Su masa, que evoca la sencillez del *shortbread,* combina de maravilla con la dulzura de la crema de queso y chocolate blanco y la acidez de la salsa de limón.

Comenzamos por la salsa. En primer lugar, batimos las yemas enérgicamente con el azúcar y la maicena. Incorporamos el zumo de limón y batimos de nuevo, hasta tener una mezcla homogénea. Calentamos a fuego muy bajo hasta que empiece a espesar un poco. Una vez comience a espesar, retiramos del fuego y añadimos la mantequilla. Removemos hasta que se incorpore por completo. Vertemos en un bol y dejamos enfriar filmado a piel.

Batimos la mantequilla con el azúcar glas. Incorporamos la ralladura de limón, las semillas de amapola y finalmente la harina y la sal. Estiramos la masa hasta que tenga un grosor de 5 mm, preferiblemente usando unas guías con nuestro rodillo para que el grosor sea uniforme, y refrigeramos al menos una hora.

Pasado este tiempo, precalentamos el horno a 180 °C o a 165 °C si es con aire. Cortamos con un cortador circular de 9 cm y las colocamos en la bandeja cubierta con papel de horno. Horneamos las galletas en torno a 12 minutos o hasta que comiencen a dorarse por el borde.

Fundimos el chocolate blanco con cuidado. Lo podemos hacer al baño maría o en el microondas en tandas de 30 segundos. Reservamos.

Tamizamos el azúcar glas y batimos con la mantequilla. Batimos con las varillas hasta que la mezcla está totalmente integrada. Incorporamos el queso. Batimos de nuevo hasta que la mezcla se aclare y gane volumen. Es como si «montara». Debemos rebañar varias veces para evitar que queden grumos. Añadimos el chocolate a temperatura ambiente. Batimos una vez más hasta que esté totalmente integrado.

Para decorar las galletas, colocamos un círculo de crema por el borde y lo rellenamos con la salsa de limón.

De limón y semillas de amapola

1

2

3

4

5

6

7

8

De naranja y chocolate

INGREDIENTES

PARA LA MASA

220 g de mantequilla
115 g de azúcar moreno
60 g de panela
2 huevos
1 cdta. de extracto de vainilla
2 cdtas. de levadura química
280 g de harina
60 g de cacao en polvo sin azúcar
la ralladura de 2 naranjas

PARA LA CREMA

70 g de chocolate negro 54 % cacao
70 g de nata para montar
la ralladura de una naranja

PARA DECORAR

60 g de harina
3 cdas. de azúcar moreno
1 cda. de cacao
30 g de mantequilla fundida
una pizca de sal
la ralladura de una naranja

SUSTITUCIONES

Para hacer la receta sin lácteos, sustituimos la mantequilla por manteca vegetal y la nata animal por nata de coco (50 ml de nata de coco para sustituir los 70 ml de nata de montar).

Para hacerla sin huevo, sustituimos cada unidad por un «huevo vegano».

Para hacerla sin gluten, sustituimos la harina por una mezcla comprada o casera de harina sin gluten, y reducimos un 20 % la grasa.

Para alergias a los frutos secos, revisamos que el chocolate no tenga trazas.

Estas galletas combinan la intensidad del chocolate negro con un toque de naranja y un espectacular *crumble* superchocolateado que hace de cada bocado todo un placer. También podemos prepararlas omitiendo la naranja y añadiendo un toque de canela o, incluso, cayena, para darles un contraste especiado (¡o picante!).

Para la crema, troceamos el chocolate finamente si es que no viene en gotas y lo colocamos en un bol resistente al calor. Ponemos la nata a calentar junto con la ralladura de naranja y, cuando comience a hervir, la vertemos sobre el chocolate. Removemos hasta que la mezcla sea homogénea y haya emulsionado, obteniendo una *ganache* brillante. La dejamos volver a temperatura ambiente filmada a piel hasta que tenga una textura cremosa.

Precalentamos el horno a 160 °C con calor arriba y abajo (145 °C si es con aire). Preparamos ahora el *topping* para decorar. Mezclamos todos los ingredientes hasta tener unas migas gruesas. Horneamos en una bandeja de horno cubierta por papel durante 15 minutos, moviendo de vez en cuando para que se desmigue bien. Dejamos enfriar por completo en la bandeja y reservamos.

Para preparar la masa de las galletas, batimos la mantequilla con los dos tipos de azúcar hasta que estén integrados y la mezcla sea muy cremosa. Incorporamos los huevos y la vainilla y batimos de nuevo.

Tamizamos harina, cacao y levadura. Los añadimos al bol de la mantequilla, batiendo a la velocidad mínima.

Pasado ese tiempo preparamos nuestras bandejas de horno forrándolas con papel.

Repartimos la masa en porciones de 100 g y horneamos entre 15 y 18 minutos a 180 °C o a 165 °C si es con aire. Al sacarlas del horno mejoraremos su forma usando un cortador de galletas circular. No se trata de cortarlas, sino de moldearlas un poco. Giraremos el cortador en torno a las galletas hasta que cojan la forma deseada. Estarán blanditas al salir del horno. Dejamos enfriar sobre la bandeja y después sobre una rejilla.

Decoramos las galletas con la *ganache* y las migas por encima.

De naranja y chocolate

1

2

3

4

5

6

7

8

De fresas y chocolate blanco

INGREDIENTES

PARA LA MASA

225 g de mantequilla
100 g de azúcar blanco
60 g de panela
2 huevos
360 g de harina
2 cdtas. de levadura química
2 cdtas. de vainilla en pasta o en extracto
150 g de *chips* de chocolate blanco
1 cdta. de fresa liofilizada*

PARA LA CREMA

140 g de chocolate blanco fundido
70 ml de nata para montar
½ cda. de glucosa
50 g de mantequilla

PARA LA SALSA

200 g de fresas
30 g de azúcar blanco
15 ml de agua (1 cda.)
½ cda. de maicena (4 g)

* Podemos usar fruta fresca en nuestras galletas, pero esto las humedece mucho, haciendo que su vida útil sea más corta y que haya que conservarlas en nevera. Una alternativa a la fresa liofilizada es la fruta en pasta. En ese caso, necesitaremos 1½ cucharadita.

SUSTITUCIONES

Para hacer la receta sin lácteos, sustituimos la mantequilla por manteca vegetal y la nata animal por nata de coco (50 ml de nata de coco para sustituir los 70 ml de nata de montar). Además, usamos chocolate blanco vegano.

Estas galletas se han convertido en las favoritas de mis hijos. La combinación de la crema de chocolate blanco con las fresas naturales es irresistiblemente adictiva. Se pueden elaborar también sustituyendo las fresas por otros frutos rojos.

Empezamos por la salsa. Calentamos las fresas con el azúcar hasta que se ablanden y suelten sus jugos. Cuando estén blanditas, añadimos la maicena mezclada con el agua y calentamos hasta que espese. Dejamos enfriar por completo, filmada a piel.

Para elaborar la crema, primero fundimos el chocolate. Para ello, ponemos la nata a calentar con la glucosa y, cuando comience a hervir, la vertemos sobre el chocolate. Removemos hasta que la mezcla sea homogénea. Podemos usar la batidora de inmersión para mejorar la emulsión. Incorporamos la mantequilla y removemos muy bien. Filmamos a piel y dejamos que vuelva a temperatura ambiente y tenga una textura cremosa.

Ahora preparamos la masa. Precalentamos el horno a 180 °C (o a 165 °C si es con aire) y preparamos nuestra bandeja con papel de horno. Batimos la mantequilla con los dos tipos de azúcar hasta que estén integrados y la mezcla sea muy cremosa. Incorporamos los huevos y la vainilla y batimos de nuevo. Tamizamos la harina y la levadura. Los añadimos al bol de la mantequilla, batiendo a velocidad mínima. Cuando la masa sea homogénea, incorporamos los *chips* de chocolate y la fresa liofilizada.

Repartimos la masa en porciones de 100 g. Las colocamos muy espaciadas en la bandeja de horno y las aplastamos ligeramente.

De fresas y chocolate blanco

SUSTITUCIONES

Para hacerla sin huevo, sustituimos cada unidad por un «huevo vegano».

Para hacerla sin gluten, sustituimos la harina por una mezcla comprada o casera de harina sin gluten, y reducimos un 20 % la grasa.

Para alergias a los frutos secos, revisamos que el chocolate no tenga trazas.

Al sacarlas del horno mejoraremos su forma usando un cortador de galletas circular. No se trata de cortarlas, sino de moldearlas un poco. Giraremos el cortador en torno a las galletas hasta que cojan la forma deseada. Estarán blanditas al salir del horno. Dejamos enfriar sobre la bandeja y después sobre una rejilla.

Decoramos con la crema y las fresas.

1

2

3

4

5

6

7

De chocolate y caramelo

Seguro que conoces esas famosas chocolatinas que se componen de una galleta estilo *shortbread* rellena por una deliciosa salsa de caramelo y con una cobertura de chocolate con leche. Ahora imaginemos esta combinación en forma de *cookie*. ¡Es, sencillamente, magia!

INGREDIENTES

PARA LAS *COOKIES* ESTILO *SHORTBREAD*

230 g de mantequilla
115 g de azúcar glas
1 cdta. de extracto de vainilla
360 g de harina
una pizca de sal

PARA LA SALSA DE CARAMELO

100 g de azúcar blanco
45 g de mantequilla
65 ml de nata para montar
una pizca de sal

PARA BAÑAR

150 g de chocolate con leche
10 g de manteca de cacao

SUSTITUCIONES

Para hacer la receta sin lácteos, sustituimos la mantequilla por manteca vegetal y la nata animal por nata vegetal.

Para hacerla sin gluten, sustituimos la harina por una mezcla comprada o casera de harina sin gluten, y reducimos un 20 % la grasa.

Para alergias a los frutos secos, revisamos que el chocolate no tenga trazas.

Empezamos preparando el caramelo. Cubrimos con el azúcar la base de nuestro cazo y calentamos a fuego medio hasta que se vaya fundiendo. Vamos removiendo con una espátula resistente a altas temperaturas. Cuando todo el azúcar se haya disuelto y el caramelo comience a tomar un color dorado, añadimos la mantequilla (¡cuidado que salta!) y removemos hasta que se incorpore por completo. Apagamos el fuego, incorporamos la nata y la sal y seguimos removiendo hasta tener una salsa homogénea. Dejamos enfriar en una bandeja hasta que esté bastante denso.

Para preparar las galletas, batimos la mantequilla con el azúcar glas. Incorporamos el extracto de vainilla y finalmente la harina y la sal. Estiramos la masa hasta que tenga un grosor de 5 mm, preferiblemente usando unas guías con nuestro rodillo para que el grosor sea uniforme, y refrigeramos al menos una hora. Pasado ese tiempo precalentamos el horno a 180 °C o a 165 °C si es con aire.

Cortamos con un cortador circular y horneamos las galletas en torno a 12 minutos o hasta que comiencen a dorarse por el borde.

Una vez las galletas estén a temperatura ambiente y la salsa de caramelo esté bien densa, las cubrimos con una espiral de caramelo usando una manga pastelera y las congelamos 5 minutos para que se endurezca la salsa. Mientras tanto vamos preparando el baño de chocolate, para el que fundimos cuidadosamente el chocolate al baño maría junto con la manteca de cacao.

Bañamos cada galleta en el chocolate, retirando el exceso, y las dejamos sobre una rejilla para que el chocolate cristalice.

De chocolate y caramelo

1

2

3

4

5

6

7

8

De mantequilla de cacahuete y chocolate

Mis *cookies* favoritas de este libro..., ¿o eso ya lo había dicho en alguna otra receta? Bueno, no sé si son mis favoritas, pero desde luego están en el top tres. Mi debilidad por la mantequilla de cacahuete es de sobra conocida, y esta receta combina una *cookie* de mantequilla de cacahuete con una crema de mantequilla de cacahuete y una salsa de caramelo y mantequilla de, por supuesto, cacahuete. Una locura, vaya.

INGREDIENTES

PARA LA MASA

165 g de mantequilla
60 g de mantequilla de cacahuete
100 g de azúcar moreno
80 g de panela
2 huevos
340 g de harina
2 cdtas. de levadura química
100 g de chips de mantequilla de cacahuete*

PARA LA CREMA

40 g de mantequilla
110 g de azúcar glas
80 g de mantequilla de cacahuete
35 ml de nata para montar bien fría

PARA LA SALSA DE CHOCOLATE

50 g chocolate negro 54 % cacao, troceado
15 g de mantequilla
20 g de glucosa, sirope de maíz o miel
30 ml de agua (1 cda.)

PARA LA SALSA DE CARAMELO CON CACAHUETE

65 g de azúcar blanco
30 g de mantequilla
40 ml de nata para montar
35 g de mantequilla de cacahuete
135 g cacahuetes tostados con miel
una pizca de sal

* Se venden en tiendas de repostería, en internet y en tiendas de productos estadounidenses. Si no las encontramos, se pueden sustituir por *chips* de chocolate negro.

▼

Precalentamos el horno a 180 °C con calor arriba y abajo o a 165 °C si es con aire. Preparamos una bandeja de horno con papel.

Comenzamos mezclando la mantequilla con la mantequilla de cacahuete, el azúcar moreno y la panela. Cuando la mezcla sea homogénea, incorporamos los huevos y, finalmente, la harina tamizada con la levadura química. Añadimos los *chips*.

Repartimos la masa en porciones de 100 g y las espaciamos muy bien sobre la bandeja de horno. Horneamos entre 15 y 18 minutos Al sacarlas del horno mejoraremos su forma usando un cortador de galletas circular. No se trata de cortarlas, sino de moldearlas un poco. Giraremos el cortador en torno a las galletas hasta que cojan la forma deseada. Estarán blanditas al salir del horno. Dejamos enfriar sobre la bandeja y después sobre una rejilla.

Preparamos la salsa de chocolate calentando todos los ingredientes en un cazo hasta tener una mezcla homogénea. La conservamos filmada a piel hasta el momento de usarla.

Después, seguimos con la salsa de caramelo con mantequilla de cacahuete. Picamos los cacahuetes con miel. Cubrimos con el azúcar la base de nuestro cazo y calentamos a fuego medio hasta que se vaya fundiendo. Removemos con una espátula resistente a altas temperaturas. Cuando todo el azúcar se haya disuelto y el caramelo comience a tomar un color dorado, añadimos la mantequilla (¡cuidado que salta!) y removemos hasta que se incorpore por completo. Apagamos el fuego, incorporamos la nata y la sal y seguimos removiendo hasta tener una salsa homogénea. Incorporamos la mantequilla de cacahuete y los cacahuetes troceados y dejamos enfriar hasta que esté a temperatura ambiente.

▼

De mantequilla de cacahuete y chocolate

SUSTITUCIONES

Para hacer la receta sin lácteos, sustituimos la mantequilla por manteca vegetal y la nata animal por nata vegetal.

Para hacerla sin huevo, sustituimos cada unidad por un «huevo vegano».

Para hacerla sin gluten, sustituimos la harina por una mezcla comprada o casera de harina sin gluten, y reducimos un 20 % la grasa.

La receta no es apta para alergias a los frutos secos porque el cacahuete es un ingrediente fundamental.

Para preparar la crema batimos la mantequilla con el azúcar glas y la mantequilla de cacahuete. Cuando esté totalmente integrado añadimos la nata. Batimos hasta que la mezcla sea supercremosa. Cuidado con que no se corte.

Decoramos las *cookies* con la crema, y encima colocamos una buena cucharada de la salsa de caramelo con cacahuetes. Finalmente decoramos con unos hilos de salsa de chocolate negro.

1

2

3

De s'mores

Los *s'mores* son un postre típico estadounidense que consiste en hacer un sándwich usando galletas *graham crackers*, una onza de chocolate y una nube tostada en la hoguera. En este caso, vamos a emular este dulce elaborando nuestras propias nubes, que irán tostadas sobre una *cookie* con trozos de *graham crackers*.

INGREDIENTES

PARA LA MASA

225 g de mantequilla avellana a temperatura ambiente (necesitamos 300 g de mantequilla para prepararla)
125 g de azúcar moreno
75 g de panela
2 huevos
360 g de harina
1½ cdtas. de levadura química
¼ cdta. de bicarbonato sódico
100 g de galletas *graham crackers* en trozos*

PARA LAS NUBES CASERAS

12 g de gelatina en polvo
120 ml de agua para la gelatina + 60 ml de agua para el almíbar
150 g de azúcar blanco
120 ml de glucosa, sirope de maíz o miel
1 cdta. de vainilla en pasta o en extracto

PARA LA COBERTURA DE NUBES

40 g de azúcar glas
40 g de maicena

PARA DECORAR

una tableta de chocolate con leche

* La receta está en la página 134. Como alternativa, también se pueden usar galletas tipo *digestive*.

Comenzamos preparando la mantequilla avellana. Calentamos la mantequilla en un cazo lentamente hasta que empiece a oscurecerse y tome un bonito color dorado; la temperatura estará en torno a los 130 °C. ¡Cuidado, quema muchísimo! Reservamos y colamos a través de una tela tipo muselina para retirar los sólidos lácticos. Luego dejamos que vuelva a temperatura ambiente y solidifique de nuevo. Podemos acelerar este proceso metiéndola en la nevera, pero es importante que para usarla en la masa esté a temperatura ambiente.

Elaboramos las nubes. En un bol, colocamos la gelatina en polvo junto con los 120 ml de agua para que se hidrate.

Una vez hidratada la gelatina, la metemos en el microondas 30 segundos a temperatura máxima para que se disuelva. La vertemos en el bol de la batidora junto con el resto de la glucosa y empezamos a batir con las varillas.

En un cazo, comenzamos a preparar el almíbar: ponemos la mitad de la glucosa, el agua y el azúcar y calentamos hasta alcanzar 115 °C.

Cuando empiece a hacer espuma la gelatina, incorporamos el almíbar a 115 °C y batimos entre 5 y 7 minutos a velocidad media hasta que coja mucho cuerpo. Incorporamos la vainilla y batimos de nuevo 1 o 2 minutos.

Extendemos la mezcla sobre una bandeja bien engrasada con espray desmoldante o aceite suave y espolvoreamos la superficie con la mezcla de azúcar glas y maicena.

Precalentamos el horno a 180 °C con calor arriba y abajo o a 165 °C si es con aire. Preparamos una bandeja de horno con papel.

Para preparar las galletas, comenzamos mezclando la mantequilla con el azúcar. Cuando la mezcla sea homogénea, incorporamos los huevos y, finalmente, la harina tamizada con la levadura química. Añadimos las galletas troceadas.

De s'mores

SUSTITUCIONES

Para hacer la receta sin lácteos, prescindimos de la mantequilla avellana y simplemente usamos manteca vegetal. Además, usamos chocolate con leche vegano.

Para hacerla sin huevo, sustituimos cada unidad por un «huevo vegano».

Para hacerla sin gluten, sustituimos la harina por una mezcla comprada o casera de harina sin gluten, y reducimos un 20 % la grasa. Además, si usamos galletas *digestive*, verificamos que sean sin gluten.

Para alergias a los frutos secos, revisamos que el chocolate no tenga trazas.

Repartimos la masa en porciones de 100 g, las boleamos y las aplastamos un poco. Las colocamos bien espaciadas en la bandeja de horno.

Horneamos entre 15 y 18 minutos. Al sacarlas del horno, mejoraremos su forma usando un cortador de galletas circular. No se trata de cortarlas, sino de moldearlas un poco. Giraremos el cortador en torno a las galletas hasta que cojan la forma deseada.

Una vez las galletas están frías, cortamos las nubes con un cortador circular del tamaño deseado y colocamos una nube sobre cada *cookie*. Tostamos con un soplete o con el *grill*. Decoramos con una onza de chocolate.

1

2

3

4

5

6

7

8

9

10

11

12

De algodón de azúcar

INGREDIENTES

PARA LA MASA

175 g de mantequilla
150 g de azúcar blanco
3 claras (90 g)
270 g de harina
1½ cdta. de levadura química
2 cdtas. de aroma de algodón de azúcar*
colorante rosa en pasta o gel, al gusto

PARA DECORAR

2 claras de huevo (60 g)
120 g de azúcar blanco
2 cdtas. de aroma de algodón de azúcar*
colorante rosa al gusto
un poco de azúcar rosa

* El aroma de algodón de azúcar en ocasiones viene muy concentrado. En ese caso, deberás añadir menos cantidad, a veces solo unas gotas. ¿Cómo saber si el formato es muy concentrado? Si el bote es muy pequeño, lo normal es que solo haya que añadir una pequeña cantidad para conseguir un sabor adecuado.

SUSTITUCIONES

Para hacer la receta sin lácteos, sustituimos la mantequilla por manteca vegetal.

Para hacerla sin huevo, sustituimos las claras de la masa y el merengue por la misma cantidad en gramos de aquafaba.

Para hacerla sin gluten, sustituimos la harina por una mezcla comprada o casera de harina sin gluten, y reducimos un 20 % la grasa.

Perfectas para celebrar un *baby shower* o una comunión, el aroma a algodón de azúcar que usamos en esta receta nos traslada directamente a la infancia. También podemos usar aroma de chicle en su lugar. Además, la masa se puede teñir del color que más nos guste y obtendremos unos tonos superbrillantes. En ese caso, usaremos colorantes en pasta o gel para un mejor resultado.

Precalentamos el horno a 180 °C con calor arriba y abajo o a 165 °C si es con aire. Preparamos una bandeja de horno con papel.

Comenzamos mezclando la mantequilla con el azúcar blanco. Cuando la mezcla sea homogénea, incorporamos las claras, el aroma y, finalmente, la harina tamizada con la levadura química. Añadimos el colorante.

Preparamos bolas de 100 g y horneamos entre 15 y 18 minutos. Al sacarlas del horno, mejoraremos su forma usando un cortador de galletas circular. No se trata de cortarlas, sino de moldearlas un poco. Giraremos el cortador en torno a las galletas hasta que cojan la forma deseada. Estarán blanditas al salir del horno. Dejamos enfriar sobre la bandeja y después sobre una rejilla.

Preparamos la crema: calentamos las claras con el azúcar al baño maría sin dejar de remover hasta que el azúcar esté totalmente disuelto. Si usamos claras frescas no pasteurizadas, tendremos que asegurarnos con un termómetro de que la mezcla haya alcanzado 74 °C para garantizar la seguridad alimentaria. Pasamos la mezcla al bol de la batidora y batimos a velocidad media-alta hasta que se monten las claras y tengamos un merengue bien firme. Añadimos el aroma de nubes y el colorante.

Decoramos usando el merengue y el azúcar de color rosa.

De algodón de azúcar

1

2

3

4

5

De almendra

Un sabor clásico para unas galletas que se conservan como recién hechas mejor que ninguna otra. Yo he usado extracto de almendra para esta receta. También se puede utilizar aroma, pero en ese caso deberemos ajustar la cantidad a la intensidad del aroma. Y se les puede añadir un poco de canela y ralladura de limón para darles un intenso sabor a leche merengada.

INGREDIENTES

PARA LA MASA

200 g de mantequilla
100 g de azúcar blanco
100 g de azúcar moreno
2 huevos
290 g de harina
70 g de almendra molida
2 cdtas. de levadura química
1 cdta. de extracto de almendra

PARA LA CREMA

150 g de mantequilla
150 g de azúcar glas
120 ml de nata para montar
60 g de chocolate blanco
1 cdta. de extracto de almendra

PARA DECORAR

almendras laminadas

SUSTITUCIONES

Para hacer la receta sin lácteos, sustituimos la mantequilla por manteca vegetal y la nata animal por nata vegetal, y usamos chocolate blanco vegano.

Para hacerla sin huevo, sustituimos cada unidad por un «huevo vegano».

Para hacerla sin gluten, sustituimos la harina por una mezcla comprada o casera de harina sin gluten, y reducimos un 20 % la grasa.

La receta no es apta para alergias a los frutos secos porque la almendra es un ingrediente fundamental.

Precalentamos el horno a 150 °C con calor arriba y abajo o a 135 °C si es con aire. Colocamos las almendras laminadas sobre una bandeja de horno y tostamos durante 10 minutos o hasta que empiecen a dorarse. Dejamos enfriar por completo.

Precalentamos a continuación el horno a 180 °C con calor arriba y abajo o a 165 °C si es con aire. Preparamos nuestra bandeja con papel de horno.

Comenzamos mezclando la mantequilla con el azúcar blanco. Cuando la mezcla sea homogénea, incorporamos los huevos, la almendra molida y, finalmente, la harina tamizada con la levadura química. Repartimos la masa en porciones de 100 g.

Horneamos entre 15 y 18 minutos. Al sacarlas del horno, mejoraremos su forma usando un cortador de galletas circular. No se trata de cortarlas, sino de moldearlas un poco. Giraremos el cortador en torno a las galletas hasta que cojan la forma deseada. Estarán blanditas al salir del horno. Dejamos enfriar sobre la bandeja y después sobre una rejilla.

Para la crema, fundimos el chocolate blanco y lo dejamos volver a temperatura ambiente. Usando las varillas, batimos la mantequilla con el azúcar glas. Cuando la mezcla sea homogénea añadimos el chocolate blanco fundido y, finalmente, la nata.

Decoramos nuestras *cookies* con la crema y las almendras laminadas.

De almendra

1

2

3

4

5

De brownie sundae

INGREDIENTES

PARA LA MASA

115 g de mantequilla
225 g de panela
75 g de azúcar blanco
3 huevos
315 g de chocolate negro 54 % cacao, troceado
200 g de harina
40 g de cacao puro
1½ cdta. de bicarbonato sódico
100 g de *chips* de chocolate negro
100 g de minigrageas de chocolate

PARA LA CREMA

50 g de queso crema frío
90 ml de nata para montar bien fría
20 g de azúcar glas
1 cdta. de vainilla en pasta o extracto

PARA LA SALSA DE *FUDGE* DE CHOCOLATE

50 g de chocolate negro 54 % cacao, troceado
15 g de mantequilla
20 g de glucosa, sirope de maíz o miel
30 ml de agua (2 cdas.)

PARA DECORAR

cerezas al marrasquino con rabito
sprinkles

SUSTITUCIONES

Para hacer la receta sin lácteos, sustituimos la mantequilla por manteca vegetal, el queso por queso vegano y la nata por nata vegetal.

Para hacerla sin huevo, sustituimos cada unidad por un «huevo vegano».

Existe una marca de chocolate en Estados Unidos, Ghirardelli, que tiene varias heladerías. Allí preparan un *sundae* con *brownie* que fue mi antojo cuando estaba embarazada de mi tercera hija (y que, evidentemente, no pude satisfacer). Estas galletas las he creado en honor a esa copa de helado increíble que espero volver a comer algún día.

Preparamos la salsa calentando todos los ingredientes en un cazo hasta tener una mezcla homogénea. Conservamos filmada a piel hasta el momento de usarla.

Para la masa de nuestras galletas, primero fundimos el chocolate negro con la mantequilla y reservamos hasta que vuelva a temperatura ambiente. Tamizamos el cacao con la harina y el bicarbonato. Reservamos. Una vez la mezcla de chocolate negro y mantequilla ha vuelto a temperatura ambiente, incorporamos los dos tipos de azúcar y los huevos. Añadimos los ingredientes secos, los *chips* de chocolate negro y las grageas de chocolate. Hacemos con la masa bolas de 100 g y refrigeramos durante 20 minutos.

Pasado ese tiempo cubrimos las bandejas de horno con papel. Precalentamos el horno a 180 °C con calor arriba y abajo o a 165 °C si es con aire. Colocamos muy espaciadas las bolas sobre la bandeja, aplastándolas un poquito con la palma de la mano.

Horneamos unos 15 minutos. Como en este caso no podemos basarnos en si se doran o no para sacarlas del horno, porque no se ve, esperaremos hasta que se pongan «mate».

Al sacarlas del horno mejoraremos su forma usando un cortador de galletas circular. No se trata de cortarlas, sino de moldearlas un poco. Giraremos el cortador en torno a las galletas hasta que cojan la forma deseada. Las dejamos templar en la bandeja y después que se enfríen por completo sobre una rejilla.

De brownie sundae

SUSTITUCIONES

Para hacerla sin gluten, sustituimos la harina por una mezcla comprada o casera de harina sin gluten, y reducimos un 20 % la grasa.

Para alergias a los frutos secos, revisamos que el chocolate no tenga trazas.

Para la crema, tamizamos el azúcar glas y batimos con el queso y la vainilla. Batimos con las varillas hasta que la mezcla está totalmente integrada. Incorporamos la nata y batimos de nuevo hasta que ganen volumen.

Decoramos las *cookies* con la crema, la salsa de chocolate, los *sprinkles* y las cerezas al marrasquino.

1

2

3

4

5

6

Monster cookies

Estas *cookies* monstruosas incluyen copos de avena, *chips* de mantequilla de cacahuete y de chocolate, grageas de chocolate y, realmente, todos aquellos *toppings* que podamos soñar. También admiten *chips* de chocolate blanco, *chunks*, chocolate troceado... La imaginación es el límite. Se conservan como recién hechas durante semanas y el toque de mantequilla de cacahuete las hace irresistibles.

INGREDIENTES

PARA LA MASA

230 g de mantequilla
100 g de azúcar moreno
100 g de panela
2 huevos
200 g de harina
180 g de copos de avena
1 cdta. de levadura química
½ cdta. de bicarbonato sódico
250 g de mantequilla de cacahuete
200 g de *chips* de chocolate
160 g de *chips* de mantequilla de cacahuete*
1 cdta. de vainilla en pasta o en extracto
200 g de grageas de chocolate

* Se venden en tiendas de repostería, en internet y en tiendas de productos estadounidenses. Si no las encontramos, se pueden sustituir por *chips* de chocolate negro.

SUSTITUCIONES

Para hacer la receta sin lácteos, sustituimos la mantequilla por manteca vegetal.

Para hacerla sin huevo, sustituimos cada unidad por un «huevo vegano».

Para hacerla sin gluten, sustituimos la harina por una mezcla comprada o casera de harina sin gluten. Además, verificamos que los copos de avena sean sin gluten.

Para la alergia a frutos secos, revisamos que el chocolate no tenga trazas. La receta no es apta para personas alérgicas al cacahuete.

Para la masa, batimos la mantequilla con la mantequilla de cacahuete, el azúcar blanco y la panela. Añadimos los huevos y la vainilla. A continuación, añadimos la harina tamizada con la levadura y el bicarbonato y mezclamos con los copos de avena. Incorporamos los *chips* de chocolate y los de mantequilla de cacahuete, y las grageas de chocolate.

Cubrimos las bandejas de horno con papel. Precalentamos el horno a 180 °C con calor arriba y abajo o a 165 °C si es con aire.

Repartimos la masa en porciones de 100 g y las colocamos muy espaciadas sobre la bandeja, aplastándolas un poquito con la palma de la mano.

Horneamos entre 15 y 18 minutos. Al sacarlas del horno mejoraremos su forma usando un cortador de galletas circular. No se trata de cortarlas, sino de moldearlas un poco. Giraremos el cortador en torno a las galletas hasta que cojan la forma deseada. Estarán blanditas al salir del horno. Dejamos enfriar sobre la bandeja y después sobre una rejilla.

Monster cookies

1

2

3

4

5

De plátano y dulce de leche

Sustituir el huevo por plátano machacado tiene un resultado delicioso: la masa pasa a estar increíblemente jugosa y con un sabor a plátano alucinante. En este caso lo vamos a combinar con dulce de leche, pero podemos utilizar cualquiera de las cremas de este libro. Te recomiendo especialmente combinar esta masa con la crema de *speculoos;* es increíble.

INGREDIENTES

PARA LA MASA

225 g de mantequilla avellana a temperatura ambiente (necesitamos 300 g para prepararla)
125 g de azúcar moreno
75 g de panela
120 g de plátano
360 g de harina
1½ cdta. de levadura química
¼ cdta. de bicarbonato sódico

PARA DECORAR

35 g de mantequilla
70 g de azúcar glas
50 g de queso de untar
30 g de dulce de leche
un poco más de dulce de leche para decorar

SUSTITUCIONES

Para hacer la receta sin lácteos, prescindimos de la mantequilla avellana y simplemente usamos manteca vegetal. Sustituimos el dulce de leche por uno hecho a partir de leche de coco y el queso por queso vegano.

Para hacerla sin gluten, sustituimos la harina por una mezcla comprada o casera de harina sin gluten, y reducimos un 20 % la grasa.

Comenzamos preparando la mantequilla avellana. Calentamos la mantequilla en un cazo lentamente hasta que empiece a oscurecerse y tome un bonito color dorado; la temperatura estará en torno a los 130 °C. ¡Cuidado, quema muchísimo! Reservamos y colamos a través de una tela tipo muselina para retirar los sólidos lácticos. Luego dejamos que vuelva a temperatura ambiente y solidifique de nuevo. Podemos acelerar este proceso metiéndola en la nevera, pero es importante que para usarla en la masa esté a temperatura ambiente.

Precalentamos el horno a 180 °C con calor arriba y abajo o a 165 °C si es con aire. Cubrimos las bandejas de horno con papel.

Comenzamos por la masa, mezclando la mantequilla con el azúcar. Cuando la mezcla sea homogénea, incorporamos los plátanos machacados y, finalmente, la harina tamizada con la levadura química.

Repartimos la masa en porciones de 100 g, las boleamos y las aplastamos un poco. Las colocamos bien espaciadas en la bandeja del horno.

Horneamos entre 15 y 18 minutos. Al sacarlas del horno estarán blanditas, mejoraremos su forma usando un cortador de galletas circular. No se trata de cortarlas, sino de moldearlas un poco. Giraremos el cortador en torno a las galletas hasta que cojan la forma deseada. Dejamos enfriar primero en la bandeja y después sobre una rejilla por completo.

Para la crema, tamizamos el azúcar glas y batimos con la mantequilla y el dulce de leche. Batimos con las varillas hasta que la mezcla esté totalmente integrada. Incorporamos el queso y batimos de nuevo hasta que la mezcla se aclare y gane volumen. Es como si montara. Debemos rebañar varias veces para evitar que queden grumos.

Una vez frías, decoraremos las galletas con nuestra crema, un buen chorro de dulce de leche y unas pecanas picadas.

De plátano y dulce de leche

1

2

3

4

5

6

7

8

De crema tostada

Estas *cookies* saben a *crème brûlée*. Cada una de ellas va cubierta por una fina capa de crema pastelera y una costra de caramelo crujiente. Eso sí, hay que tener mucho cuidado de no quemar el caramelo para evitar que deje un regusto amargo.

INGREDIENTES

PARA LA MASA

225 g de mantequilla
200 g de azúcar blanco
2 huevos
360 g de harina
2 cdtas. de levadura química
1 cdta. de ralladura de limón
1 cdta. de ralladura de naranja
una pizca de canela

PARA LA CREMA PASTELERA

250 g de leche
50 g de azúcar blanco
2 yemas
25 g de maicena
1 cdta. de vainilla en pasta

PARA EL TOSTADO

azúcar blanco

SUSTITUCIONES

Para hacer la receta sin lácteos, sustituimos la mantequilla por manteca vegetal, y hacemos la crema pastelera con leche vegetal al gusto.

Para hacerla sin huevo, en la masa, sustituimos cada unidad por un «huevo vegano». En la crema, diluimos 2 cucharadas de maicena en 50 ml de leche fría y mezclamos. Añadimos 200 ml de leche, 50 g de azúcar blanco y 1 cucharadita de vainilla en pasta. Calentamos hasta que espese, retiramos del fuego y dejamos enfriar filmado a piel.

Para hacerla sin gluten, sustituimos la harina por una mezcla comprada o casera de harina sin gluten, y reducimos un 20 % la grasa.

Preparamos la crema pastelera. En un cazo calentamos la leche con la mitad del azúcar y la vainilla. Mientras tanto, batimos enérgicamente en otro recipiente las yemas con el resto del azúcar y la maicena, hasta que no quede ni un grumo. Cuando la leche empiece a humear, la vertemos sobre las yemas sin dejar de remover. Cuando esté todo disuelto, devolvemos la mezcla al cazo y calentamos de nuevo sin dejar de remover hasta que empiece a espesar. Cuando comience a hervir, la retiramos del fuego. Dejamos que vuelva a temperatura ambiente filmada a piel.

Precalentamos el horno a 180 °C con calor arriba y abajo o a 165 °C si es con aire. Preparamos una bandeja de horno con papel.

Para preparar nuestras galletas, comenzamos mezclando la mantequilla con el azúcar blanco. Cuando la mezcla sea homogénea, incorporamos los huevos, las ralladuras de limón y naranja y, finalmente, la harina tamizada con la levadura química y la pizca de canela.

Repartimos la masa en porciones de 100 g, las boleamos y las aplastamos un poco.

Horneamos entre 15 y 18 minutos. Al sacarlas del horno, mejoraremos su forma usando un cortador de galletas circular. No se trata de cortarlas, sino de moldearlas un poco. Giraremos el cortador en torno a las galletas hasta que cojan la forma deseada. Estarán blanditas al salir del horno. Dejamos enfriar sobre la bandeja y después sobre una rejilla.

Decoramos con la crema pastelera y después espolvoreamos con azúcar blanco.

Tostamos con un soplete con cuidado de que no se queme el caramelo.

De crema tostada

1

2

3

4

5

6

De pistacho, cardamomo y rosas

Esta combinación de sabores es tradicional de la repostería india y tiene muchísima presencia en los dulces orientales. El pistacho combina a la perfección con la suavidad del aroma de las rosas, y el toque de cardamomo añade profundidad a la mezcla de sabores.

INGREDIENTES

PARA LA MASA

225 g de mantequilla
200 g de azúcar moreno
2 huevos
360 g de harina
2 cdtas. de levadura química
100 g de pistachos picados (no salados)
1 cdta. de agua de rosas o aroma de rosas
½ cdta. de cardamomo molido

PARA LA CREMA

35 g de mantequilla
70 g de azúcar glas
50 g de queso de untar
1 cdta. de agua de rosas o aroma de rosas
colorante rosa en pasta o gel al gusto

PARA DECORAR

rosas deshidratadas comestibles pequeñas

SUSTITUCIONES

Para hacer la receta sin lácteos, sustituimos la mantequilla por manteca vegetal y el queso por queso vegano.

Para hacerla sin huevo, sustituimos cada unidad por un «huevo vegano».

Para hacerla sin gluten, sustituimos la harina por una mezcla comprada o casera de harina sin gluten, y reducimos un 20 % la grasa.

La receta no es apta para personas alérgicas a los frutos secos, porque el pistacho es un ingrediente fundamental.

Precalentamos el horno a 180 °C con calor arriba y abajo o a 165 °C si es con aire. Preparamos una bandeja de horno con papel.

Comenzamos mezclando la mantequilla con el azúcar moreno y el blanco. Cuando la mezcla sea homogénea, incorporamos los huevos, el agua de rosas y, finalmente, la harina y la levadura química. Añadimos los pistachos.

Repartimos la masa en porciones de 100 g. Las colocamos espaciadas sobre la bandeja.

Horneamos entre 15 y 18 minutos. Al sacarlas del horno, mejoraremos su forma usando un cortador de galletas circular. No se trata de cortarlas, sino de moldearlas un poco. Giraremos el cortador en torno a las galletas hasta que cojan la forma deseada. Estarán blanditas al salir del horno. Dejamos enfriar sobre la bandeja y después sobre una rejilla.

Para preparar la crema, primero tamizamos el azúcar glas y batimos con la mantequilla. Batimos con las varillas hasta que la mezcla está totalmente integrada. Incorporamos el queso y el aroma de rosas. Batimos de nuevo hasta que la mezcla se aclare y crezca su volumen. Es como si montara. Añadimos el colorante rosa. Debemos rebañar varias veces para evitar que queden grumos.

Usamos la crema para decorar las galletas con la espátula y después espolvoreamos pistacho muy finamente picado (yo lo hago con ayuda de un colador) y decoramos con una pequeña rosa deshidratada.

De pistacho, cardamomo y rosas

1

2

3

4

5

De tarta de calabaza

INGREDIENTES

PARA LA MASA

225 g de mantequilla avellana a temperatura ambiente (necesitamos 300 g de mantequilla para para prepararla)
125 g de azúcar moreno
75 g de panela
120 g de puré de calabaza asada*
360 g de harina
1½ cdta. de levadura química
¼ cdta. de bicarbonato sódico
2 cdtas. especias de *pumpkin pie***

PARA EL MERENGUE

2 claras
120 g de azúcar blanco
30 ml de agua (2 cdas.)
½ cda. de glucosa, sirope de maíz o miel

* Para conseguir el puré, asamos la calabaza troceada a 180 °C hasta que esté blandita. Después, la dejamos volver a temperatura ambiente y la trituramos. Si tiene mucho líquido, podemos escurrirla sobre un colador.
** Podemos preparar nuestra mezcla de especias de *pumpkin pie* con 4 cucharadas de canela, 2 cucharada de jengibre en polvo, 1 cucharadita de clavo molido y ½ cucharadita de nuez moscada.

SUSTITUCIONES

Para hacer la receta sin lácteos, prescindimos de la mantequilla avellana y simplemente usamos manteca vegetal.

Para hacerla sin huevo, en la masa, sustituimos cada unidad por un «huevo vegano»; en el merengue, sustituimos las claras por la misma cantidad de aquafaba.

Para hacerla sin gluten, sustituimos la harina por una mezcla comprada o casera de harina sin gluten, y reducimos un 20 % la grasa.

El otoño en una galleta. Con estas galletas he querido emular el clásico pastel de calabaza estadounidense, aunque, realmente, las galletas por sí solas, sin el merengue, son ya espectaculares y nos trasladan al otoño con un bocado.

Comenzamos preparando la mantequilla avellana. Calentamos la mantequilla en un cazo lentamente hasta que empiece a oscurecerse y tome un bonito color dorado; la temperatura estará en torno a los 130 °C. ¡Cuidado, quema muchísimo! Reservamos y colamos a través de una tela tipo muselina para retirar los sólidos lácticos. Luego dejamos que vuelva a temperatura ambiente y solidifique de nuevo. Podemos acelerar este proceso metiéndola en la nevera, pero es importante que para usarla en la masa esté a temperatura ambiente.

Precalentamos el horno a 180 °C con calor arriba y abajo o a 165 °C si es con aire. Preparamos una bandeja de horno con papel.

Para la masa, mezclamos la mantequilla con el azúcar. Cuando la mezcla sea homogénea, incorporamos el puré de calabaza asada y, finalmente, la harina tamizada con la levadura química y las especias.

Repartimos la masa en porciones de 100 g, las boleamos y las aplastamos un poco. Las colocamos espaciadas en la bandeja de horno.

Horneamos entre 15 y 18 minutos. Al sacarlas del horno, mejoraremos su forma usando un cortador de galletas circular. No se trata de cortarlas, sino de moldearlas un poco. Giraremos el cortador en torno a las galletas hasta que cojan la forma deseada. Estarán blanditas al salir del horno. Dejamos enfriar sobre la bandeja y después sobre una rejilla.

Para preparar el merengue, mezclamos el azúcar con el agua y la glucosa en un cazo y lo ponemos a calentar, midiendo la temperatura con un termómetro hasta que el azúcar alcance los 118 °C. Mientras tanto, montamos las claras a punto de nieve.

▼

De tarta de calabaza

1

Cuando el almíbar haya alcanzado la temperatura indicada, lo echamos sobre las claras muy poco a poco, sin dejar de batir, como si fuera un hilillo (con cuidado de que no caiga el almíbar en las varillas de la batidora). Seguimos batiendo hasta que el merengue esté brillante.

Decoramos las galletas con el merengue y tostamos con el soplete.

2

3

4

Graham crackers

Durante años busqué las *graham crackers* en las tiendas de productos especializados para dar el sabor más real a mis tartas de queso al estilo estadounidense. Finalmente, desesperada por lo difícil que era encontrarlas, elaboré mi propia receta y ahora las hago a menudo. A veces, incluso horneo la plancha de masa sin cortar, y directamente la pico y la almaceno así para mis bases de *cheesecake*.

INGREDIENTES

PARA LA MASA

60 g de mantequilla
80 ml de miel
40 g de melaza
230 g de harina integral
1 cdta. de canela
1 cdta. de bicarbonato
una pizca de sal
1 cdta. de vainilla
1 o 2 cdas. de leche (15 a 30 ml)

SUSTITUCIONES

Para hacer la receta sin lácteos, sustituimos la mantequilla por manteca vegetal.

Para hacerla sin gluten, sustituimos la harina por una mezcla comprada o casera de harina sin gluten, y reducimos un 20 % la grasa.

Batimos la mantequilla con la miel y la melaza. Incorporamos la vainilla. Cuando la mezcla está homogénea, añadimos la harina integral, la canela, el bicarbonato y la sal. Mezclamos hasta que se integren bien todos los ingredientes. Incorporamos las cucharadas de leche, puede que solo necesitemos una; dependerá de la absorción de nuestra harina integral, por lo que esperaremos a ver si la masa está integrada antes de añadir la segunda cucharada.

Cuando la masa esté completamente integrada, la estiramos entre dos papeles de horno y la refrigeramos una hora.

Una vez pasado ese tiempo, precalentamos el horno a 180 °C o a 165 °C si es con aire y preparamos las bandejas de horno con papel.

Retiramos el papel de nuestra masa y cortamos las galletas con los cortadores que prefiramos. Las colocamos espaciadas sobre la bandeja de horno. Yo he utilizado un cortador de 5 cm y para ese tamaño el horneado es de 10 minutos.

Dejamos enfriar un poco sobre la bandeja y después totalmente sobre la rejilla. Las galletas se conservan como recién hechas durante semanas y son perfectas para comerlas solas, para hacer *s'mores* o para preparar las bases de nuestras tartas de queso.

Graham crackers

1

2

3

Snickerdoodles

Esta receta tradicional estadounidense da lugar a unas galletas superblanditas con una capa crujiente de canela y azúcar. En este caso las elaboraremos con mantequilla avellana para darles un toque adicional de sabor, pero podemos prepararlas con mantequilla pomada y estarán también deliciosas

INGREDIENTES

PARA LA MASA

115 g de mantequilla avellana a temperatura ambiente (necesitamos 190 g para prepararla)
80 g de azúcar blanco
80 g de panela
1 huevo
225 g de harina
½ cdta. de bicarbonato sódico
1 cdta. de canela

PARA REBOZAR

50 g de azúcar blanco
1 cdta. de canela

SUSTITUCIONES

Para hacer la receta sin lácteos, prescindimos de la mantequilla avellana y simplemente usamos manteca vegetal.

Para hacerla sin huevo, sustituimos cada unidad por un «huevo vegano».

Para hacerla sin gluten, sustituimos la harina por una mezcla comprada o casera de harina sin gluten, y reducimos un 20 % la grasa.

Comenzamos preparando la mantequilla avellana. Calentamos 190 g de mantequilla en un cazo lentamente hasta que empiece a oscurecerse y tome un bonito color dorado; la temperatura estará en torno a los 130 °C. ¡Cuidado, quema muchísimo! Reservamos y colamos a través de una tela tipo muselina para retirar los sólidos lácticos. Luego dejamos que vuelva a temperatura ambiente y solidifique de nuevo. Podemos acelerar este proceso metiéndola en la nevera, pero es importante que para usarla en la masa esté a temperatura ambiente.

Precalentamos el horno a 180 °C o a 165 °C si es con aire, y preparamos las bandejas de horno con papel.

Para la masa, empezamos por tamizar la harina con una cucharada de canela y el bicarbonato sódico. Reservamos.

Batimos la mantequilla, la panela y el azúcar hasta que estén bien integrados y la mantequilla se aclare. Incorporamos el huevo y batimos de nuevo.

Añadimos poco a poco los ingredientes secos, batiendo a velocidad mínima, hasta tener una masa homogénea.

En un bol mezclamos la canela con el azúcar para preparar el rebozado.

Hacemos porciones de la masa de 50 g cada una. Formamos bolas y las pasamos por el azúcar con canela. A continuación, las colocamos espaciadas sobre la bandeja.

Horneamos unos 12 minutos o hasta que se agrieten por los laterales. Las dejamos templar en la bandeja y después que se enfríen por completo sobre una rejilla.

Snickerdoodles

1

2

3

4

Galletas de cacao rellenas de crema

La versión casera de las famosas galletas estilo sándwich. Para un resultado más similar al original, lo ideal es usar manteca vegetal, aunque en numerosas ocasiones he usado mantequilla y quedan realmente deliciosas. Muchas recetas de repostería llevan «migas» de estas galletas, así que esta receta es perfecta para cuando nos hagan falta y se nos hayan terminado las que teníamos por casa. En menos de lo que canta un gallo las tendremos listas.

INGREDIENTES

PARA LA MASA

215 g de manteca vegetal
a temperatura ambiente*
180 g de azúcar blanco
250 g de harina
100 g de cacao en polvo sin azúcar**
¼ cdta. de bicarbonato sódico
2 cdtas. de vainilla en pasta o extracto

PARA EL RELLENO

100 g de mantequilla
160 g de azúcar glas
60 ml de nata para montar
2 cdtas. de vainilla en pasta o extracto

* Mi recomendación es comprar aquellas que vienen envueltas en papel, como si de mantequilla se tratara, lo que nos garantizará de antemano que su firmeza será similar.
** Si usamos cacao extra negro, tendremos que reducir la cantidad a 75 g. Además, aumentaremos en 25 g la harina y añadiremos 20 g de azúcar blanco.

SUSTITUCIONES

Para hacer la receta sin lácteos, sustituimos la mantequilla por manteca vegetal y la nata por nata vegetal.

Para hacerla sin gluten, sustituimos la harina por una mezcla comprada o casera de harina sin gluten, y reducimos un 20 % la grasa.

Para la masa, en un bol, tamizamos la harina con el cacao y el bicarbonato sódico. Reservamos.

Batimos la manteca con el azúcar hasta que la mezcla sea muy cremosa y se aclare. Añadimos la vainilla y batimos de nuevo. Bajamos la velocidad e incorporamos poco a poco la mezcla de harina y cacao, batiendo a velocidad mínima hasta que se incorpore por completo.

Sacamos la masa de la batidora y la colocamos entre dos papeles de horno. Estiramos con el rodillo hasta que tenga 2 o 3 mm de grosor y refrigeramos una hora como mínimo.

Pasado ese tiempo preparamos dos bandejas de horno con papel de horno y precalentamos el horno a 180 °C o a 165 °C si es con aire.

Sacamos la masa de la nevera y cortamos círculos con el cortador de 4 cm de diámetro. Los colocamos sobre la bandeja, espaciados, y horneamos unos 8 minutos (dependiendo del tamaño) o hasta que se agriete un poquito la superficie. Las dejamos templar en la bandeja y después sobre una rejilla para que se enfríen por completo.

Para preparar el relleno, batimos la mantequilla con el azúcar glas. Cuando la mezcla sea homogénea añadimos la nata y la vainilla en pasta. Hay que tener cuidado de que no se corte una vez hayamos añadido la nata.

Usamos una manga pastelera con boquilla redonda mediana (yo uso la 12) para rellenar nuestras galletas, haciendo una espiral, y preparamos un sándwich.

Galletas de cacao rellenas de crema

1

2

3

4

5

6

Red velvet crinkle cookies

Las galletas craqueladas son maravillosas. Recubriendo cada bola de galleta con una mezcla de azúcar glas y azúcar blanco conseguimos un efecto espectacular en el horneado, ya que la galleta se expande ligeramente y adquiere esas grietas. Son perfectas para Navidad, pero también para San Valentín o cualquier otra ocasión especial.

¿Y si las queremos hacer de limón? Sustituimos el cacao por la misma cantidad de harina, omitimos el colorante y añadimos la ralladura de un limón. El resultado es espectacular.

INGREDIENTES

PARA LA MASA

230 g de harina
2 cdas. de cacao puro
½ cdta. de levadura química
110 g de azúcar blanco
60 ml de aceite
1 cdta. de vainilla en pasta o en extracto
2 huevos
colorante rojo extra en pasta al gusto

PARA REBOZAR

azúcar glas
azúcar blanco

SUSTITUCIONES

Para hacer la receta sin huevo, sustituimos cada unidad por un «huevo vegano».

Para hacerla sin gluten, sustituimos la harina por una mezcla comprada o casera de harina sin gluten, y reducimos un 20 % la grasa.

Para preparar la masa, mezclamos los ingredientes secos. Añadimos el aceite, la vainilla, los huevos y el colorante y mezclamos a mano o con amasadora hasta tener una masa homogénea. Refrigeramos durante media hora.

Precalentamos el horno a 180 °C con calor arriba y abajo o a 165 °C si es con aire. Preparamos la bandeja del horno con papel. Hacemos bolas de masa de unos 40 g y las rebozamos en el azúcar blanco y luego en el azúcar glas.

Horneamos entre 10 y 12 minutos o hasta que estén gorditas y craqueladas.

Dejamos enfriar un poco en la bandeja y después sobre la rejilla.

Red velvet crinkle cookies

1

2

3

4

5

6

Besitos de mantequilla de cacahuete

Tradicionalmente, estas bolitas de *cookie* con sabor a mantequilla de cacahuete tienen un corazón de chocolatina en forma de «besito» o montañita muy típica en Estados Unidos. Como no son fáciles de encontrar en nuestro país, podemos utilizar también un bombón o cualquier chocolatina que nos guste para conseguir ese corazón chocolateado.

INGREDIENTES

PARA LA MASA

115 g de mantequilla
80 g de azúcar blanco
90 g de azúcar moreno
1 huevo
200 g de mantequilla de cacahuete
160 g de harina
½ cdta. de bicarbonato sódico
una pizca de sal

PARA REBOZAR

azúcar blanco

PARA DECORAR

unas 22 chocolatinas pequeñas, tipo «besito» o minitartaleta de chocolate rellena de cacahuete

SUSTITUCIONES

Para hacer la receta sin lácteos, sustituimos la mantequilla por manteca vegetal.

Para hacerla sin huevo, sustituimos cada unidad por un «huevo vegano».

Para hacerla sin gluten, sustituimos la harina por una mezcla comprada o casera de harina sin gluten, y reducimos un 20 % la grasa.

Para alergias a los frutos secos, revisamos que la chocolatina no tenga trazas. No es apta para personas alérgicas al cacahuete.

Para la masa, batimos la mantequilla con la mantequilla de cacahuete y los dos tipos de azúcar. Añadimos el huevo y después la harina tamizada con la sal y el bicarbonato. Refrigeramos durante una hora.

Precalentamos el horno a 180 °C o a 165 °C si es con aire. Preparamos la bandeja de horno con papel.

Hacemos bolitas usando una cucharada bien llena de masa para cada una. Rebozamos en azúcar blanco y las colocamos espaciadas en la bandeja dejando espacio entre sí. Aproximadamente, saldrán unas 22 bolitas.

Horneamos entre 10 y 12 minutos, hasta que empiecen a dorarse. Dejamos enfriar un par de minutos y, a continuación, colocamos los besitos de chocolate o las tartaletas sobre nuestras *cookies*. Las dejamos enfriar por completo sin moverlas de la bandeja ya que el chocolate estará muy blando y puede deformarse. Una vez se hayan enfriado y el chocolate esté más sólido, las pasamos a una rejilla para que se enfríen por completo.

Besitos de mantequilla de cacahuete

1

2

3

4

Cookie cups de manzana y canela

INGREDIENTES

PARA LA MASA

150 g de mantequilla
50 g de panela
150 g de azúcar blanco
1 huevo
250 g de harina
1 cdta. de canela
½ cdta. de bicarbonato sódico

PARA EL RELLENO

300 g de manzanas, preferiblemente de una variedad dulce
¼ cdta. de zumo de limón
10 g de mantequilla
80 ml de agua + 1 cda. (15 ml)
50 g de azúcar moreno
1 cdta. de canela
1 cda. de maicena

PARA EL *CRUMBLE*

30 g de harina
30 g de almendra molida
40 g de mantequilla muy fría en cubos
25 g de azúcar moreno
una pizca de sal
1 cdta. de canela

SUSTITUCIONES

Para hacer la receta sin lácteos, sustituimos la mantequilla por manteca vegetal.

Para hacerla sin huevo, sustituimos cada unidad por un «huevo vegano».

Para hacerla sin gluten, sustituimos la harina por una mezcla comprada o casera de harina sin gluten, y reducimos un 20 % la grasa.

Para alergias a los frutos secos, sustituye la almendra molida por harina de avena o por copos molidos.

Estas tazas de masa de *cookie* van rellenas de una compota de manzana y canela absolutamente irresistible. Yo he utilizado un molde de *cupcakes* con base desmontable, pero, en caso de no tener uno, también podemos cubrir la base de nuestro molde con papel de horno para que nos sea más fácil sacarlas.

Empezamos preparando el *crumble*. Mezclamos todos los ingredientes con la picadora. Horneamos a 160 °C con calor arriba y abajo, o a 145 °C si es con aire, durante 20 minutos o hasta que esté dorado y reservamos.

Para las galletas, batimos la mantequilla con los dos tipos de azúcar hasta que estén integrados y la mezcla sea muy cremosa. Incorporamos el huevo y la vainilla y batimos de nuevo.

Tamizamos harina, canela y bicarbonato. Los añadimos al bol de la mantequilla, batiendo a la velocidad mínima. Refrigeramos el bol durante una hora como mínimo.

Precalentamos el horno a 180 °C con calor arriba y abajo o a 160 °C si es con aire.

Pasado ese tiempo engrasamos nuestra bandeja de *cupcakes* y colocamos en cada cavidad una bola de unos 50 g. Horneamos durante 15 minutos o hasta que empiecen a estar asentadas. Nada más sacar del horno aplastamos la zona central con un vaso de chupito y dejamos enfriar por completo.

Para el relleno, cortamos la manzana en dados de 1 cm y mezclamos con el zumo de limón para evitar que se oxide. Lo echamos en un cazo junto con la mantequilla y calentamos hasta que se funda la mantequilla.

Incorporamos los 80 ml de agua, la canela y el azúcar, y cocemos todo junto hasta que la manzana esté blandita pero no deshecha. En ese momento disolvemos la maicena en la cucharada de agua, la incorporamos y cocemos hasta que espese. Retiramos del fuego y dejamos enfriar por completo en un bol, cubierto con film a piel.

Rellenamos cada galleta con la manzana y decoramos con el *crumble*.

Cookie cups de manzana y canela

1

2

3

4

5

6

7

8

9

Cookie XL de dulce de leche

Cualquiera de las recetas de este libro puede ser horneada en su versión XL, solo tendremos que adaptar el tiempo de horneado ya que, al hornear toda la masa a la vez, tardará más. Mi recomendación es utilizar una sartén de hierro fundido, porque el resultado es fantástico y, además, le da un *look* muy estadounidense. Si no tenemos una, podemos utilizar un molde no desmontable de 18 a 20 cm.

¡Aviso a los impacientes! Esta es una receta que disfrutaremos mucho más si está templada.

INGREDIENTES

PARA LA MASA

115 g de mantequilla avellana (necesitamos 190 g de mantequilla para prepararla)
200 g de panela
1 huevo
200 g de harina
¾ cdta. de bicarbonato sódico
150 g de chocolate negro 54 % cacao, troceado
150 g de dulce de leche

PARA DECORAR

dulce de leche
75 ml de nata para montar
1 cda. de azúcar glas

SUSTITUCIONES

Para hacer la receta sin lácteos, prescindimos de la mantequilla avellana y simplemente usamos manteca vegetal. Usamos nata vegetal y dulce de leche hecho a partir de leche de coco.

Para hacerla sin huevo, sustituimos cada unidad por un «huevo vegano».

Para hacerla sin gluten, sustituimos la harina por una mezcla comprada o casera de harina sin gluten, y reducimos un 20 % la grasa

Para alergias a los frutos secos, revisamos que el chocolate no tenga trazas.

Comenzamos preparando la mantequilla avellana. Calentamos la mantequilla en un cazo lentamente hasta que empiece a oscurecerse y tome un bonito color dorado; la temperatura estará en torno a los 130 °C. ¡Cuidado, quema muchísimo! Reservamos y colamos a través de una tela tipo muselina para retirar los sólidos lácticos. Luego esperamos a que pierda el calor. Cuando esté a temperatura pomada (no hace falta que se solidifique, basta con que esté líquida pero no caliente), precalentamos el horno a 180 °C, con calor arriba y abajo o a 165 °C si es con aire.

Mezclamos la mantequilla con la panela. Incorporamos el huevo. A continuación, añadimos la harina tamizada con el bicarbonato y mezclamos hasta tener una masa homogénea. Incorporamos el chocolate negro.

Colocamos la mitad de la masa en nuestro molde redondo. Yo normalmente uso una sartén de hierro fundido, que consigue una cocción perfecta. Aplastamos bien la masa y vertemos el dulce de leche sobre toda la superficie. Entonces cubrimos con el resto de la masa (nos será más fácil si preparamos un disco de masa y lo colocamos justo encima).

Horneamos durante 30 minutos.

Mientras tanto, montamos la nata con el azúcar glas y reservamos.

Una vez estén horneadas nuestras *cookies*, las dejamos enfriar unos 10 minutos y, a continuación, decoramos con más dulce de leche y la nata montada por encima.

Cookie XL de dulce de leche

1

2

3

4

5 6

7 8

Masa de cookies comestible

Aunque algunos llevamos años comiendo la masa de *cookies* cruda, lo cierto es que no es conveniente consumirla sin cocinar. Por ello, en este libro he querido incorporar una receta para hacer una masa de *cookies* comestible en crudo con total seguridad. Además, la receta es completamente personalizable, ya que podemos añadir aquellos *toppings* que más nos gusten, desde grageas de chocolate a *chips,* chocolate picado, frutos secos, chuches, *sprinkles*...

INGREDIENTES

PARA LA MASA

300 g harina
½ cdta. de sal
180 g de mantequilla
50 g de azúcar blanco
165 g de panela
3 claras pasteurizadas (90 g)
3 cdtas. de vainilla en pasta o en extracto

PARA LOS *TOPPINGS*

150 g de *toppings* variados al gusto; yo he usado una mezcla de *chips* de mantequilla de cacahuete y grageas de chocolate

SUSTITUCIONES

Para hacer la receta sin lácteos, sustituimos la mantequilla por manteca vegetal o por aceite de coco, mejor desodorizado.

Para hacerla sin huevo, simplemente sustituimos las claras por 90 ml de aquafaba.

Para hacerla sin gluten, sustituimos la harina por una mezcla comprada o casera de harina sin gluten, y reducimos un 20 % la grasa.

Comenzamos horneando la harina a 150 °C con calor arriba y abajo (o a 135 °C si es con aire) durante 15 minutos. Tiene que alcanzar 74 °C para eliminar los posibles riesgos alimentarios de comer harina cruda.

Una vez hemos horneado la harina, la dejamos enfriar por completo. Mientras tanto, vamos mezclando los ingredientes como si de una masa común se tratara: primero la mantequilla con los dos tipos de azúcar. Después añadimos las claras, la vainilla y finalmente la harina con la pizca de sal. En ese momento podemos ya añadir los *toppings* que vayamos a utilizar.

Esta masa no solo vale para comerla a cucharadas, sino que también la podemos usar como relleno de nuestros bizcochos o, por ejemplo, para congelarla en forma de bolitas y añadirla a nuestros helados favoritos.

Masa de cookies comestible

1

2

3

4

Confetti cookies

Las mejores galletas para los cumpleaños. Lo ideal es usar unos *sprinkles* de colores que sean resistentes al horneado, pero si nos los encontramos también podemos usar confeti comestible de colores. Los fideos que tienen una cobertura brillante y que no indiquen que son resistentes al horneado puede que pierdan el color por la humedad de la masa durante el horneado.

INGREDIENTES

PARA LA MASA

225 g de mantequilla
80 g de azúcar glas
130 g de azúcar blanco
2 claras
½ cdta. de bicarbonato sódico
una pizca de sal
300 g de harina
80 g de *sprinkles* de colores

PARA LA CREMA

30 g de harina
165 ml de leche
115 gr de azúcar blanco
190 gr de mantequilla
1 cdta. de vainilla en pasta o en extracto
40 g de *sprinkles*

SUSTITUCIONES

Para hacer la receta sin lácteos, sustituimos la mantequilla por manteca vegetal y la leche por cualquier leche vegetal.

Para hacerla sin huevo, sustituimos las claras por 60 ml de aquafaba.

Para hacerla sin gluten, sustituimos la harina por una mezcla comprada o casera de harina sin gluten, y reducimos un 20 % la grasa.

Precalentamos el horno a 180 °C con calor arriba y abajo (o 165 °C si es con aire) y preparamos la bandeja de horno con papel. Batimos la mantequilla con los dos tipos de azúcar hasta que estén integrados y la mezcla sea muy cremosa. Incorporamos el huevo y la vainilla y batimos de nuevo.

Tamizamos la harina y el bicarbonato. Los añadimos al bol de la mantequilla, batiendo a la velocidad mínima. Añadimos los *sprinkles* y cubrimos nuestras bandejas de horno con papel. Tomamos porciones de la masa y hacemos bolas de unos 70 g, aplastándolas un poquito con la palma de la mano. Las espaciamos bien sobre la bandeja y horneamos unos 15 minutos (para el tamaño indicado; si son más pequeñas, bastará con unos 10-12 minutos), hasta que se pongan «mate». Las dejamos templar en la bandeja y después sobre una rejilla para que se enfríen por completo.

Para la crema, mezclamos la harina con la leche tibia y el azúcar hasta que no haya ningún grumo. Calentamos sin dejar de remover hasta obtener una bechamel un poco espesa. Lo ideal es alcanzar los 74 °C como mínimo, para eliminar cualquier problema de riesgo alimentario. Dejamos enfriar, cubierta con un film a piel hasta que vuelva a temperatura ambiente.

Mientras tanto, batimos la mantequilla hasta que se aclare y esté bien aireada. Bajamos la velocidad y vamos añadiendo la bechamel poco a poco hasta lograr una crema suave y sedosa. Añadimos la vainilla y los *sprinkles*.

Una vez las galletas estén frías, las cubrimos con la crema usando una espátula y añadimos unos pocos más *sprinkles*.

Confetti cookies

1

2

3

4

5

6

7

8

9

De avena y manzana

Estas *cookies* de avena quedan jugosas y espectacularmente sabrosas. Podemos sustituir la manzana deshidratada por los frutos deshidratados que más nos gusten, como arándanos, melocotón, papaya, piña…

INGREDIENTES

PARA LA MASA

150 g de harina
½ cdta. de bicarbonato sódico (2,2 g)
170 g de mantequilla
90 g de panela
60 g de azúcar moreno
1 huevo
160 g de copos de avena
120 g de manzana deshidratada
1 cdta. de canela

PARA DECORAR

100 g de chocolate blanco o cobertura blanca de chocolate

SUSTITUCIONES

Para hacer la receta sin lácteos, sustituimos la mantequilla por manteca vegetal o por aceite de coco, y usamos chocolate blanco vegano.

Para hacerla sin huevo, sustituimos cada unidad por un «huevo vegano».

Para hacerla sin gluten, sustituimos la harina por una mezcla comprada o casera de harina sin gluten, y reducimos un 20 % la grasa.

Para la masa, empezamos por tamizar la harina con la canela y el bicarbonato. Añadimos los copos de avena. Reservamos.

Batimos la mantequilla con los dos tipos de azúcar. Usaremos la pala batidora (la K) a velocidad baja-media hasta que los ingredientes estén integrados y la mezcla sea muy cremosa. Incorporamos el huevo y batimos de nuevo. Bajamos la velocidad de la batidora e incorporamos los ingredientes secos. Cuando la mezcla sea homogénea, añadimos la manzana deshidratada.

Refrigeramos la masa 30 minutos.

Pasado ese tiempo preparamos nuestras bandejas de horno con papel. Precalentamos el horno a 180 °C con calor arriba y abajo o a 165 °C si es con aire. Tomamos porciones de la masa de 100 g, hacemos bolas y las colocamos espaciadas sobre la bandeja, aplastándolas un poquito con la palma de la mano.

Horneamos unos 15 minutos o hasta que se comiencen a dorar los bordes y las *cookies* se pongan «mate». Al sacarlas del horno, podemos mejorar su forma usando un cortador de galletas circular. No se trata de cortarlas, sino de moldearlas un poco. Estarán blanditas al salir del horno. Las dejamos templar en la bandeja y después que se enfríen por completo sobre una rejilla.

Fundimos el chocolate blanco al baño maría o en el microondas, en tandas de 30 segundos para evitar que se queme. Decoramos con el chocolate blanco fundido usando la manga pastelera o un biberón de salsas.

De avena y manzana

1

2

3

4

5

6

7

8

Galletas abizcochadas de vainilla

Inspiradas en las galletas Nilla tan famosas en Estados Unidos, estas simpáticas galletas de mantequilla son perfectas para desayunar o merendar mojadas en leche y, además, son el ingrediente imprescindible para preparar uno de mis postres favoritos: el *banana pudding*. De hecho, he incluido la receta de este postre al final del libro porque enamora a todo el mundo. La masa no necesita refrigeración previa al horneado y los ingredientes son supersencillos, así que en pocos minutos puedes tener unas deliciosas galletas listas para disfrutar.

INGREDIENTES

PARA LA MASA

115 g de mantequilla
135 g de azúcar blanco
1 yema
190 g de harina
2 cdtas. de vainilla en pasta o en extracto
½ cdta. de levadura química
½ cda. de leche

SUSTITUCIONES

Para hacer la receta sin lácteos, sustituimos la mantequilla por manteca vegetal.

Para hacerla sin huevo, sustituimos la yema por 20 ml de aquafaba.

Para hacerla sin gluten, sustituimos la harina por una mezcla comprada o casera de harina sin gluten, y reducimos un 20 % la grasa.

Precalentamos el horno a 180 °C o a 165 °C si es con aire y preparamos nuestra bandeja de horno con papel.

Batimos la mantequilla con el azúcar. Incorporamos la yema y la vainilla. Añadimos la harina tamizada con la levadura química. Finalmente, añadimos la leche.

Repartimos porciones de masa con una cuchara de helado (la que yo uso es de 29 mm) y las aplastamos levemente.

Horneamos entre 12 y 14 minutos o hasta que comiencen a dorarse por los bordes.

Dejamos enfriar en la bandeja y después sobre una rejilla. Se conservan durante semanas como recién hechas en una lata de galletas.

Galletas abizcochadas de vainilla

1

2

3

4

De café y crema de whisky

Pocas combinaciones existen tan deliciosas como la del café con crema de *whisky* (¡o crema de orujo!). Para los que no sean muy cafeteros pero quieran probar estas *cookies* deliciosas con un toque extra de chispa, podemos preparar esta misma masa sustituyendo el café instantáneo de la receta y el agua caliente por 15 ml de la crema irlandesa.

INGREDIENTES

PARA LA MASA

225 g de mantequilla
200 g de azúcar moreno
2 huevos
360 g de harina
2 cdtas. de levadura química
1 cda. de café instantáneo
15 ml de agua caliente (1 cda.)

PARA LA CREMA

20 g de harina
60 ml de leche
70 ml de crema irlandesa
80 gr de azúcar blanco
120 gr de mantequilla

PARA DECORAR

nonpareils dorados

SUSTITUCIONES

Para hacer la receta sin lácteos, sustituimos la mantequilla por manteca vegetal y la leche por cualquier leche vegetal. Usamos crema de *whisky* vegana.

Para hacerla sin huevo, sustituimos cada unidad por un «huevo vegano».

Para hacerla sin gluten, sustituimos la harina por una mezcla comprada o casera de harina sin gluten, y reducimos un 20 % la grasa.

Precalentamos el horno a 180 °C con calor arriba y abajo o a 165 °C si es con aire. Preparamos nuestra bandeja de horno con papel.

Comenzamos mezclando el agua caliente con el café instantáneo hasta que se disuelva. Reservamos.

Batimos la mantequilla con el azúcar. Cuando la mezcla sea homogénea, incorporamos los huevos y la harina tamizada con la levadura química. Incorporamos el café. Repartimos la masa en porciones de 100 g y las colocamos espaciadas en una bandeja de horno.

Horneamos entre 18 y 20 minutos. Al sacarlas del horno, estarán blanditas y mejoraremos su forma usando un cortador de galletas circular. No se trata de cortarlas, sino de moldearlas un poco. Giraremos el cortador en torno a las galletas hasta que cojan la forma deseada. Dejamos enfriar sobre la bandeja y después sobre una rejilla.

Mezclamos la harina con la leche tibia, la crema de *whisky* y el azúcar hasta que no haya ningún grumo. Calentamos sin dejar de remover hasta obtener una bechamel un poco espesa. Lo ideal es alcanzar los 74 °C como mínimo, para eliminar cualquier problema de riesgo alimentario. Dejamos enfriar, cubierta con film a piel hasta que vuelva a temperatura ambiente.

Mientras tanto, para la crema, batimos la mantequilla hasta que se aclare y esté bien aireada. Bajamos la velocidad y vamos añadiendo la bechamel poco a poco hasta lograr una crema suave y sedosa. La introducimos en una manga pastelera con una boquilla de estrella grande. Yo he usado la 1M.

Decoramos las *cookies* con la crema y *nonpareils* dorados.

De café y crema de whisky

1

2

3

4

5

6

7

8

9

Cookie bar

Las *cookies* pueden hornearse en molde para después cortarse en porciones. Esta forma de prepararlas se ha hecho muy popular en los últimos años, y consiste en hornear la masa de galletas toda junta en un molde y después cortarla en porciones para servirla. De esta manera, podemos ser más versátiles e incorporar rellenos e ingredientes que nos darían problemas en una masa de *cookie* normal.

INGREDIENTES

PARA LA MASA

220 g de mantequilla
200 g de panela
100 g de azúcar blanco
2 huevos
340 g de harina
1 cdta. de bicarbonato sódico
una pizca de sal
6 chocolatinas variadas, puedes usar tus favoritas
100 g de grageas de chocolate
50 g de chocolate negro 54 % cacao

PARA DECORAR

150 g de chocolate con leche
trocitos de las chocolatinas que hayamos querido utilizar en el relleno

SUSTITUCIONES

Para hacer la receta sin lácteos, sustituimos la mantequilla por manteca vegetal y revisamos que las chocolatinas y las grageas no tengan trazas.

Para hacerla sin huevo, sustituimos cada unidad por un «huevo vegano».

Para hacerla sin gluten, sustituimos la harina por una mezcla comprada o casera de harina sin gluten, y reducimos un 20 % la grasa.

Para alergias a los frutos secos, revisamos que las chocolatinas y las grageas no tengan trazas.

Precalentamos el horno a 180 °C con calor arriba y abajo o a 165 °C si es con aire. Engrasamos y forramos nuestro molde cuadrado de 18 cm (también puede ser un molde cuadrado de 20 cm si no nos importa que la *cookie* quede más fina).

Cortamos todas las chocolatinas en trozos y picamos el chocolate negro. Reservamos.

Batimos la mantequilla con la panela y el azúcar hasta que estén perfectamente integrados, usando la pala y siempre a la mínima velocidad.

Incorporamos el huevo y después la harina tamizada con el bicarbonato. Añadimos las grageas de chocolate, el chocolate picado y las chocolatinas cortadas en trozos.

Horneamos unos 30 minutos o hasta que la masa esté dorada por los bordes y se ponga «mate». Dejamos enfriar por completo antes de desmoldar.

Una vez hayamos desmoldado la elaboración, fundimos el chocolate con leche. Lo veremos por encima de la *cookie bar* y decoramos con el resto de *toppings*.

Antes de servir, la cortamos en porciones del tamaño que se quiera.

Cookie bar

1

2

3

4

5

6

Galletas tradicionales

En este capítulo he recogido una selección de aquellas preparaciones que no pueden faltar en el recetario de todo amante de las galletas con tradición. Pequeños bocados que nos han acompañado en nuestra infancia, pero también recetas centenarias de otros países que no podemos olvidar si nos apasiona el mundo de las galletas. Muchas de ellas no necesitan molde y se preparan en un pispás. Otras, más elaboradas, requerirán algo más de paciencia en la cocina.

Tejas de almendra

Las tejas son un dulce muy destacado en la repostería francesa e italiana, donde encontramos ejemplos superconocidos, como las tejas del Valle de Aosta o las tejas de chocolate de Amiens. Pero también forman parte de nuestra gastronomía tradicional, con un ejemplo tan destacado como es el de las tejas de Tolosa, que se presentan siempre acompañadas de los cigarrillos de mantequilla.
En este caso vamos a preparar unas ligerísimas tejas con almendras laminadas y aptas para todos aquellos que no pueden tomar proteína de leche, ya que no vamos a incluir ningún lácteo.

INGREDIENTES

PARA LA MASA

2 claras de huevo (60 g)
1 huevo
120 g de azúcar glas
35 g de harina
140 g de almendras laminadas

SUSTITUCIONES

Para hacerla sin huevo, sustituimos el huevo y las claras por 120 ml de aquafaba.

Para hacerla sin gluten, sustituimos la harina por almendra molida.

La receta no es apta para personas alérgicas a los frutos secos porque la almendra es un ingrediente fundamental. Se pueden omitir, pero quedarán unas tejas muy finas solo de masa.

Precalentamos el horno a 180 °C o a 165 °C si es con aire. Preparamos una bandeja de horno con un silpat (podemos usar papel de horno, pero, en este caso, da mejor resultado la silicona).

Mezclamos la harina con el azúcar glas. Incorporamos el huevo y las claras. Cuando la mezcla sea homogénea, añadimos las almendras laminadas.

Colocamos cucharadas bien espaciadas de masa sobre la bandeja y las aplanamos con una cucharada mojada en agua, intentando que queden lo más redondas posible y la capa sea bien fina.

Horneamos durante 15 minutos. Nada más sacarlas del horno, las levantamos con una espátula grande y las colocamos sobre un rodillo o un molde de *baguettes*, para que se enfríen con su característica forma curvada.

Dejamos enfriar por completo antes de separar.

Tejas de almendra

1

2

3

4

5

Galletas de la abuela

Las galletas de toda la vida. De las que mojábamos en cacao soluble cuando éramos pequeños. Firmes al tacto, pero con una textura increíble que se deshace en la boca en cuanto le hincamos el diente. La clave es usar aceite en lugar de mantequilla, para conseguir una masa muy suave y sedosa que se trabaja de forma espectacular.

INGREDIENTES

PARA LA MASA

350 g de harina
120 g de azúcar blanco
1½ cdta. de levadura química (7 g)
70 ml de aceite de oliva suave
1 huevo
70 ml de leche
¼ cdta. de canela
½ cdta. de vainilla en pasta o en extracto (opcional)

PARA PINTAR LA GALLETA

agua
azúcar blanco

SUSTITUCIONES

Para hacer la receta sin lácteos, sustituimos la leche por cualquier leche vegetal.

Para hacerla sin huevo, sustituimos cada unidad por un «huevo vegano».

Para hacerla sin gluten, sustituimos la harina por una mezcla comprada o casera de harina sin gluten, y reducimos un 20 % la grasa.

Precalentamos el horno a 180 °C con calor arriba y abajo (o a 165 °C si es con aire) y preparamos una bandeja con papel.

En un bol colocamos el azúcar blanco. Incorporamos la harina tamizada con la levadura química y la canela. Reservamos.

Por otro lado, mezclamos la leche con el huevo, la vainilla y el aceite. Incorporamos esta mezcla a los ingredientes secos y amasamos hasta tener una masa homogénea.

Esta masa es apta para utilizarla en una pistola de galletas, ya que es bastante blandita, por lo que podemos usar la boquilla plana estrellada. Pero es mucho más sencillo si estiramos la masa con un rodillo sobre una superficie ligeramente enharinada, la marcamos con una brocheta o el lomo de un cuchillo y la cortamos en rectángulos. Otra opción es separar la masa en bolitas, aplanarlas y marcarlas con un tenedor.

Pintaremos cada galleta con agua y espolvorearemos azúcar antes de hornear: entre 18 y 20 minutos o hasta que estén doraditas.

Dejamos enfriar por completo sobre una rejilla.

Galletas de la abuela

1

2

3

4

5

6

7

8

9

Españoletas de Aragón

Quien me siga en redes sociales sabrá que, pese a haber nacido en Bilbao y haber vivido toda la vida en la Comunidad de Madrid, tengo una debilidad especial por Aragón y por todo lo aragonés, desde su gastronomía a su cultura y, sobre todo, sus montañas. Por eso no podían faltar estas galletas en el libro, de esas de toda la vida, perfectas para mojar en un buen vaso de leche o café.

INGREDIENTES

PARA LA MASA

65 ml de aceite de oliva virgen extra
100 g de azúcar blanco
2 huevos
235 g de harina
1 cdta. de levadura química

SUSTITUCIONES

Para hacer la receta sin huevo, sustituimos cada unidad por un «huevo vegano».

Para hacerla sin gluten, sustituimos la harina por una mezcla comprada o casera de harina sin gluten, y reducimos un 20 % la grasa.

Precalentamos el horno a 180 °C con calor arriba y abajo (o 165 °C si es con aire) y preparamos una bandeja de horno con papel.

En un bol, batimos los huevos con el azúcar hasta que comiencen a espumar. Incorporamos el aceite y, finalmente, la harina tamizada con la levadura química.

Cuando tengamos una masa homogénea, hacemos bolas. Yo uso la cuchara de helado de 39 mm; aunque es una masa blanda y brillante, conserva la forma al hacer las porciones. Las colocamos espaciadas sobre la bandeja, porque crecerán durante el horneado.

Horneamos entre 18 y 20 minutos o hasta que estén doradas.

Dejamos enfriar en la bandeja y después sobre una rejilla. Pintaremos cada galleta con agua y espolvorearemos azúcar antes de hornear: entre 18 y 20 minutos o hasta que estén doraditas.

Dejamos enfriar por completo sobre una rejilla.

Españoletas de Aragón

1

2

3

4

5

Perrunillas

Hay tantas maneras de hacer las perrunillas como hogares en los que esta receta ha pasado de generación en generación. Estas galletas de toda la vida tienen dos versiones principales: con o sin almendra. Yo he incluido la versión con almendras, pero para elaborarlas sin ellas solo tendremos que sustituir esos 50 g de almendra molida por 50 g más de harina. Y solucionado.

INGREDIENTES

PARA LA MASA

60 g de manteca de cerdo
60 ml de licor de anís
70 g de azúcar blanco
1 huevo
1 yema
1 cdta. de ralladura de limón
200 g de harina
50 g de almendra molida
2 cdtas. de levadura química (8 g)
12 almendras crudas sin piel

PARA REBOZAR

un poco de azúcar blanco

SUSTITUCIONES

Para hacer la receta sin huevo, sustituimos cada unidad por un «huevo vegano».

Para hacerla sin gluten, sustituimos la harina por una mezcla comprada o casera de harina sin gluten, y reducimos un 20 % la grasa.

Para alergias a los frutos secos, sustituimos las almendras molidas por el mismo peso de harina común y las omitimos de la decoración.

Se puede sustituir la manteca de cerdo por una alternativa vegetal.

Precalentamos el horno a 190 °C y preparamos la bandeja de horno con papel.

Mezclamos la manteca de cerdo con el azúcar y la ralladura de limón. Añadimos la yema y el huevo.

Incorporamos a continuación la harina tamizada con la levadura química, el anís, y, finalmente, la almendra molida. Cuando la masa sea homogénea, hacemos 12 bolitas y las rebozamos en azúcar blanco. Las colocamos espaciadas en la bandeja de horno y decoramos cada una con una almendra.

Horneamos entre 18 y 20 minutos o hasta que estén doraditas.

Dejamos enfriar en la bandeja de horno y después sobre una rejilla.

Perrunillas

1

2

3

4

5

6

7

Paciencias de Almazán

Estos dulces típicos de Soria se comen llevándoselos a la boca y dejando que se deshagan con la saliva. ¡Como si fuera un caramelo! Vaya, que hay que comerlos con paciencia. Es una receta que recomiendo mucho, porque son muy fáciles de elaborar y verdaderamente adictivas de comer.

INGREDIENTES

PARA LA MASA

2 claras
100 g de azúcar blanco
120 g de harina
½ cda. de ralladura de limón
una pizca de sal

SUSTITUCIONES

Para hacer la receta sin huevo, sustituimos las claras por 60 ml de aquafaba.

Para hacerla sin gluten, sustituimos la harina por una mezcla comprada o casera de harina sin gluten, y reducimos un 20 % la grasa.

Precalentamos el horno a 220 °C con calor arriba y abajo y preparamos una bandeja con papel. Si usamos el aire, precalentamos a 205 °C y tendremos que pegar el papel a la bandeja con espray desmoldante o poner un peso, ya que, al ser tan ligeras, el papel puede salir volando.

Colocamos las claras en un bol y batimos con las varillas. Cuando empiecen a espumar, incorporamos poco a poco el azúcar y la sal hasta que estén bien montadas y obtengamos un merengue brillante.

Tamizamos la harina sobre las claras y la incorporamos con movimientos envolventes. Finalmente, añadimos la ralladura de limón.

Colocamos la mezcla en una manga pastelera con una boquilla redonda o, sencillamente, cortamos la punta de la manga si no disponemos de esa boquilla. Escudillamos las paciencias manteniendo la boquilla perpendicular a la bandeja de horno y sin hacerlas excesivamente altas. Golpeamos la bandeja para quitar posibles burbujas y para que se aplanen ligeramente.

Horneamos durante 5 minutos o hasta que se comiencen a dorar. Se pueden dorar tanto como prefiramos. A mí me gustan más claritas, pero en algunas pastelerías tradicionales se presentan bien tostadas.

Dejamos enfriar por completo sobre una rejilla.

Paciencias de Almazán

1

2

3

4

5

6

7

Barquillos

Hacer barquillos en casa es más fácil de lo que parece. Lo único que vamos a requerir es una máquina barquillera para conseguir un acabado profesional. Si no la tenemos, podemos prepararlos también con una sartén. Una vez listos, los barquillos son perfectos para presentar tus helados o copas de postre, pero también como *snack* ligero. ¡Quién no ha disfrutado de unos buenos barquillos un día de playa! Ahora no tendrás que comprarlos en la playa, ¡podrás llevarlos tú hechos!

INGREDIENTES

PARA LA MASA

70 g de mantequilla
115 g de azúcar moreno
1 huevo
250 ml de agua templada
250 g de harina
1 cdta. de vainilla en pasta o en extracto

SUSTITUCIONES

Para hacer la receta sin lácteos, sustituimos la mantequilla por manteca vegetal, o por la misma cantidad de aceite suave o de manteca vegetal fundida.

Para hacerla sin huevo, sustituimos cada unidad por un «huevo vegano».

Para hacerla sin gluten, sustituimos la harina por una mezcla comprada o casera de harina sin gluten, y reducimos un 20 % la grasa.

Fundimos la mantequilla y dejamos que vuelva a temperatura ambiente. A continuación, la mezclamos con el azúcar moreno. Incorporamos el huevo, que es importante que esté a temperatura ambiente. Si está frío, estropeará la emulsión y la masa parecerá cortada. Añadimos la harina tamizada y finalmente el agua y la vainilla. De nuevo, el agua tiene que estar templada para evitar que se solidifique la mantequilla.

Si vamos a usar una barquillera, la calentamos hasta que esté lista. Vertemos cucharadas sobre la misma y cerramos hasta que los barquillos estén doraditos. Si vamos a darles forma, es importante hacerlo nada más sacarlos de la plancha. Eso sí, con mucho cuidado de no quemarnos.

Para hacerlos en la sartén, vertemos una cucharada de masa y la cubrimos con papel de horno. A continuación, colocamos un cazo encima para ejercer peso y que se aplaste. Esperamos un par de minutos parar retirar el peso y volteamos. Cuando esté dorado por ambos lados, ya podemos pasarlos al molde que queramos o enrollarlos con ayuda del mango de un utensilio de cocina. No tendrán el diseño de «cuadraditos» pero la textura será perfecta.

Barquillos

1

2

3

4

5

6

7

8

9

Almendrados

De esta receta hay tantas versiones como pueblos de España en los que se preparan. Con base de oblea o sin ella, con almendra picada o almendra molida, duros o blandos... Yo preparo mucho esta versión que me encanta: son crujientes por fuera, pero blandos por dentro. También es una oportunidad estupenda para desempolvar el libro de recetas familiar y recordar cómo se preparaban en nuestra casa.

INGREDIENTES

PARA LA MASA

175 g de almendras crudas
100 g de azúcar blanco
50 ml de clara de huevo fresca o pasteurizada
obleas de pastelería de 4 cm*

* Podemos usar obleas del tamaño que prefiramos para nuestras galletas, únicamente tendremos que ajustar la cantidad de masa que usamos en cada una. Con obleas de 4 cm saldrán 22 galletas.

SUSTITUCIONES

Para hacerla sin huevo, sustituimos las claras por 50 ml de aquafaba.

La receta no es apta para personas alérgicas a los frutos secos.

Precalentamos el horno a 120 °C con calor arriba y abajo (o a 105 °C si es con aire) y tostamos 10 minutos las almendras.

Una vez hayan vuelto a temperatura ambiente podemos bien picarlas todas de manera uniforme hasta tener una harina fina, o bien hacer una mitad más fina y la otra mitad más gruesa para tener más texturas.

Precalentamos el horno a 180 °C con calor arriba y abajo o a 165 °C si es con aire, y preparamos la bandeja de horno con papel. Como son unas galletas muy ligeras, si vas a usar aire conviene que pegues el papel a la bandeja con espray desmoldante o que coloques algún peso para evitar que vuelen.

Mezclamos bien la almendra picada con el azúcar. Incorporamos las claras de huevo y mezclamos hasta tener una masa homogénea. Hacemos bolitas y las colocamos sobre las obleas.

Para las obleas de 4 cm, haremos bolitas de 13 g. Puede parecer poco, pero debemos tener en cuenta que crecen bastante.

Colocamos los almendrados sobre nuestra bandeja. Horneamos 20 minutos o hasta que estén dorados pero sigan blanditos por dentro. Dejamos enfriar sobre la bandeja y después en una rejilla.

Almendrados

1

2

3

4

5

6

7

Linzer

Inspiradas en la *Linzertarte*, estas galletas están formadas por dos capas de masa de almendra y un relleno de grosella negra. Cabe destacar que la *Linzertorte* es una de las recetas más antiguas conocidas (si no la más antigua), ya que la primera versión escrita data de 1696. Su nombre se lo da la ciudad de Linz, en Austria, y la tarta consiste en una masa de almendras rellena de una confitura de grosellas negras con un enrejado característico que la hace inconfundible.

INGREDIENTES

PARA LA MASA

225 g de mantequilla
120 g de azúcar glas
2 yemas
una pizca de sal
1 cdta. de vainilla en pasta o en extracto
½ cdta. de extracto de almendra
290 g de harina
100 g de almendra molida

PARA EL RELLENO

100 g de mermelada de grosella negra

SUSTITUCIONES

Para hacer la receta sin lácteos, sustituimos la mantequilla por manteca vegetal.

Para hacerla sin huevo, sustituimos las dos yemas por un solo «huevo vegano».

Para hacerla sin gluten, sustituimos la harina por una mezcla comprada o casera de harina sin gluten, y reducimos un 20 % la grasa.

Para alergias a los frutos secos, sustituimos la almendra molida por el mismo peso de harina común y omitimos el extracto.

Comenzamos batiendo la mantequilla con el azúcar glas a velocidad baja, usando la pala o la varilla simple, hasta que esté cremosa. Incorporamos las yemas, la vainilla y el extracto de almendra. Cuando la mezcla sea homogénea, incorporamos la harina junto con la harina de almendras molidas y la pizca de sal.

Cuando tengamos una masa lisa y homogénea, dividimos en dos partes y estiramos cada mitad entre dos papeles de horno. Daremos un grosor aproximado de 4 mm. Para esto son muy útiles las guías que podemos fabricar de manera casera con dos canaletas para cable, o comprar hechas.

Refrigeramos nuestra masa durante al menos una hora o hasta que esté bien firme.

Precalentamos el horno a 180 °C con calor arriba y abajo o a 165 °C si es con aire y preparamos las bandejas con papel de horno.

Cortamos nuestra masa en discos usando el cortador redondo de 7 cm (o de nuestro tamaño seleccionado) y, con un cortador pequeño con la forma deseada, quitamos el centro en la mitad de ellas. Con un cortador de 7 cm obtendremos unas 30 galletas. Ojo, la masa que sobre al cortar los discos no se deshecha, la vamos a reutilizar.

Colocamos las galletas espaciadas en la bandeja de horno. Horneamos 10 minutos o hasta que comiencen a dorarse un poquito. Después, las dejamos enfriar sobre la bandeja unos 10 minutos antes de pasarlas a una rejilla.

Repetimos la operación con el sobrante: hacemos una bola de masa, dividimos en dos partes y estiramos entre dos papeles de horno cada mitad. Refrigeramos hasta que esté bien firme para poder cortar de nuevo y luego horneamos.

Una vez están totalmente frías ambas partes, rellenamos con la mermelada y montamos nuestras galletas.

Linzer

1

2

3

4

5

6

7

8

9

Springerle

Estas galletas decoradas son típicas de Alemania y algunas regiones de Austria, Suiza y Hungría. Los moldes que se utilizan son de madera y están a la venta en tiendas de repostería especializadas. Se caracterizan por su decoración superdetallada que se mantiene en el horneado y su color muy clarito. Además, en el horneado crecen hasta el doble en altura, formándose un «pie» en su parte inferior. Su nombre alude precisamente a ese crecimiento brusco que hace la masa (viene del verbo alemán *springen,* que significa 'saltar'). Tradicionalmente, la masa se extiende sobre semillas de anís, que quedan adheridas a la base.

INGREDIENTES

PARA LA MASA

3 huevos
345 g de azúcar glas
¼ cdta. de sal
360 g de harina
¼ cdta. de bicarbonato de amonio *
+ ½ cda. de agua fría
1 cdta. de vainilla en pasta o en extracto
1 cdta. de ralladura de limón muy fina
½ cdta. de aceite esencial de anís
(opcional) **

* El bicarbonato de amonio es uno de los impulsores más antiguos que se usan en repostería, y originalmente se preparaba con astas de ciervo. Aunque cayó en desuso con la llegada de los impulsores modernos (el bicarbonato sódico y la levadura química), aún se usa en algunas galletas tradicionales, ya que permite conseguir una textura muy seca y crujiente. Se puede comprar en tiendas especializadas y, a veces, en supermercados de grandes cadenas alemanas.

** El aceite esencial de anís comestible no es muy fácil de encontrar, por lo que podemos omitirlo.

SUSTITUCIONES

Para hacer la receta sin huevo, sustituimos cada unidad por un «huevo vegano».

Para hacerla sin gluten, sustituimos la harina por una mezcla comprada o casera de harina sin gluten, y reducimos un 20 % la grasa.

Usando las varillas, batimos los huevos con la ralladura de limón, el aceite de anís, el azúcar glas y la sal, unos 10 minutos, hasta que la mezcla tenga un color muy claro. Esto es importante para que las galletas luego tengan un color casi blanco.

Una vez se hayan aclarado, cambiamos a la pala e incorporamos la harina. Finalmente, añadimos el bicarbonato de amonio disuelto en el agua fría.

Amasamos un par de minutos a velocidad mínima hasta tener una masa homogénea. A continuación, sobre una superficie enharinada, amasamos un poco más, y cuando no se pegue a las manos la estiramos con un rodillo bastante gordito (1,5 a 2 cm).

Pincelamos los moldes con harina y apretamos para dejar su marca en la masa. No es necesario apretar con mucha fuerza, porque corremos el riesgo de que se pegue la masa al cortador. Levantamos el molde con cuidado y cortamos el borde de la galleta con un cuchillo o con un cortador del mismo tamaño que el molde. Con una espátula, vamos pasando las galletas a una bandeja cubierta con papel de horno o un silpat. Yo suelo usar silpat porque conserva mejor la humedad de la base.

Dejamos reposar las galletas al menos toda la noche al aire, entre 8 y 24 horas. Se «secarán». Es muy importante que la base de las galletas esté aún húmeda al entrar al horno; para ello, debemos humedecerla levemente con agua usando un paño. De esta forma evitaremos que se rajen por la parte decorada y solo crezcan por la parte inferior.

Precalentamos el horno a 150 °C con calor arriba y abajo o a 135 °C si es con aire. Horneamos entre 10 y 15 minutos, sin que se doren, ya que perderían su color blanco. Dejamos enfriar sobre una rejilla.

Springerle

1

2

3

4

5

6

7

8

9

Cantuccini de pistacho y cerezas

INGREDIENTES

PARA LA MASA

260 g de harina
⅛ cdta. de bicarbonato de amonio*
+1 cdta. de agua fría
170 g de azúcar blanco
2 huevos
70 g de pistachos crudos pelados
40 g de cerezas secas picadas
20 ml de vino de Marsala
20 g de miel

* El bicarbonato de amonio es uno de los impulsores más antiguos que se usan en repostería, y originalmente se preparaba con astas de ciervo. Aunque cayó en desuso con la llegada de los impulsores modernos (el bicarbonato sódico y la levadura química), aún se usa en algunas galletas tradicionales, ya que es perfecto para conseguir una textura muy seca y crujiente. Se puede comprar en tiendas especializadas y, a veces, en supermercados que pertenecen a grandes cadenas alemanas.

SUSTITUCIONES

Para hacerla sin huevo, sustituimos cada unidad por un «huevo vegano».

Para hacerla sin gluten, sustituimos la harina por una mezcla comprada o casera de harina sin gluten, y reducimos un 20 % la grasa.

Para alergias a los frutos secos, se puede elaborar sin pistachos, aunque cambia mucho el sabor.

Estas galletas duras son originales de la Toscana y su nombre original es *biscotti di Prato* (Prato es la ciudad toscana, muy cercana a Florencia, en la que nacieron), *cantucci* o *cantuccini*. Datan del siglo XVI, aparecen mencionadas en varias ocasiones en textos del siglo XVII y posteriormente surgen muchas versiones diferentes por toda Italia.

Estas galletas llevan una doble cocción que las hace extremadamente secas y duras, perfectas para mojar en café o en vino dulce como postre. Tradicionalmente, se elaboran con almendras, pero en este caso las vamos a preparar con el fruto seco de moda, el pistacho, que les da un sabor irresistible.

Precalentamos el horno a 180 °C con calor arriba y abajo o a 165 °C si es con aire. Preparamos la bandeja con papel.

En un bol, tamizamos la harina e incorporamos el azúcar. Reservamos.

En otro bol, mezclamos los huevos con el vino y la miel. Añadimos esta mezcla al bol de la harina y amasamos hasta tener una masa homogénea. Añadimos el bicarbonato de amonio disuelto en el agua. Incorporamos los pistachos y las cerezas.

Dividimos la masa en dos y formamos dos cilindros de unos 32 cm de largo por 4 cm de diámetro. Los colocamos en la bandeja de horno separados (se expandirán durante la cocción) y horneamos entre 20 y 25 minutos o hasta que empiecen a dorarse.

Los sacamos del horno y los dejamos enfriar en la bandeja unos 10 minutos, no más. A continuación, con un cuchillo de sierra, cortamos rodajas diagonales de 1,5 cm de ancho.

Los colocamos de nuevo en la bandeja de horno y horneamos 8 minutos. Después, les damos la vuelta y horneamos 8 minutos más o hasta que estén bien doraditos.

Dejamos enfriar por completo sobre una rejilla antes de comerlos.

Cantuccini de pistacho y cerezas

1

2

3

4

5

6

7

Shortbread de lavanda

Estas galletas escocesas tienen su origen en el Medievo, cuando los restos de la masa de pan se endulzaban y se horneaban en pequeños trozos. Con el paso del tiempo, se empezó a usar mantequilla en su preparación, convirtiéndolas en un dulce muy exclusivo y lujoso que se consumía únicamente en Navidad y en ocasiones especiales. Su consumidora más famosa fue la reina María I de Escocia, la cual era una enamorada de estas galletas. En nuestro caso, las prepararemos de lavanda, que les aporta muchísimo sabor y aroma.

INGREDIENTES

PARA LA MASA

300 g de harina
100 g de azúcar blanco + otro poco para espolvorear la masa
200 g de mantequilla fría en cubos
2 cdtas. de lavanda culinaria
½ cdta. de extracto de lavanda (opcional)

PARA DECORAR

100 g azúcar glas
un chorrito de miel
colorante morado en pasta (opcional)
lavanda culinaria para decorar

SUSTITUCIONES

Para hacer la receta sin lácteos, sustituimos la mantequilla por manteca vegetal.

Para hacerla sin gluten, sustituimos la harina por una mezcla comprada o casera de harina sin gluten, y reducimos un 20 % la grasa.

Con un procesador de alimentos o con una cuchilla para masas, mezclamos todos los ingredientes lo justo, hasta obtener unas migas gruesas. Después, sacamos la masa del robot, si lo hemos usado, y mezclamos con las manos hasta obtener una bola de masa.

La estiramos y refrigeramos al menos una hora.

Pasado ese tiempo, precalentamos el horno a 180 °C o a 165 °C si es con aire. Preparamos una bandeja con papel de horno.

Espolvoreamos azúcar sobre la masa. Cortamos con un cortador circular y horneamos las galletas en torno a 12 minutos o hasta que comiencen a dorarse por el borde. Dejamos enfriar en la bandeja y después sobre la rejilla.

Preparamos un glaseado mezclando el azúcar glas con la miel. Podemos ajustar su fluidez con un poquito de agua. Además, podemos teñirlo con el colorante morado. Lo usamos para decorar nuestras *cookies*.

Shortbread de lavanda

1

2

3

4

5

6

7

8

9

Alfajores de dulce de leche

Existen en España unos dulces llamados *alfajores*, típicos de Andalucía, pero en este caso he querido incluir las galletas del mismo nombre que elaboran en muchos países de América Latina, donde son un dulce superextendido y absolutamente delicioso. Argentina y Uruguay son los mayores abanderados de este dulce, pero también Chile, Perú y otros países cuentan con sus propias variedades. Existe, incluso, el Campeonato Mundial del Alfajor, que reúne cada año a los mayores expertos de todo el mundo.

INGREDIENTES

PARA LA MASA

100 g de mantequilla
80 g de azúcar blanco
2 yemas
110 g de harina
140 g de maicena
1 cdta. de levadura química
1 cdta. de pasta o extracto de vainilla

PARA RELLENAR

200 g de dulce de leche repostero*
300 g de chocolate negro 54 % cacao (opcional)
25 g de manteca de cacao (opcional)

* El dulce de leche repostero es más denso y se mantendrá perfecto como relleno. Otros tipos de dulce de leche son más fluidos y pueden rebosar por los laterales de los alfajores.

SUSTITUCIONES

Para hacer la receta sin lácteos, sustituimos la mantequilla por manteca vegetal y el dulce de leche por uno hecho a partir de leche de coco o por otro relleno lo suficientemente denso.

Para hacerla sin huevo, sustituimos las 2 yemas por un solo «huevo vegano».

Para hacerla sin gluten, sustituimos la harina por una mezcla comprada o casera de harina sin gluten, y reducimos un 20 % la grasa.

Precalentamos el horno a 180 °C o a 165 °C si es con aire. Cubrimos una bandeja de horno con papel.

Tamizamos la harina con la maicena y la levadura. Reservamos.

Batimos la mantequilla con el azúcar hasta que la mezcla se integre. Incorporamos las yemas una a una, la vainilla y luego la harina.

Amasamos hasta que empecemos a tener una masa lisa. La sacamos de la batidora y la apretamos con las palmas de las manos hasta lograr una masa compacta. Espolvoreamos maicena sobre la superficie de trabajo y estiramos la masa con el rodillo hasta un grosor de 0,5 cm. Si se pega el rodillo, lo espolvoreamos también con un poco de maicena.

Cortamos círculos de 4 o 5 cm de diámetro y los colocamos sobre la bandeja. Nos saldrán unas 24 mitades.

Horneamos 10 minutos, controlando la cocción para que no se doren. Dejamos enfriar en la bandeja y luego sobre una rejilla.

Una vez frías, rellenamos las mitades con dulce de leche.

Si queremos bañar los alfajores en chocolate, fundimos el chocolate, añadimos la manteca de cacao y los bañamos uno a uno. Dejamos secar sobre una rejilla.

Alfajores de dulce de leche

1

2

3

4

5

6

¡PRUEBA ESTO!

Alfajores bañados en chocolate

9

Lebkuchen

INGREDIENTES

PARA CONFITAR LA PIEL DE NARANJA

la piel de 2 naranjas (100 g)
200 g de azúcar blanco
200 ml de agua

PARA LA MASA

75 ml de café recién hecho
50 g de piel de naranja confitada
20 g de mantequilla
100 g de azúcar moreno
1 huevo
40 g de miel
100 g de almendra molida
1½ cdta. de especias de pan de jengibre (7 g)
½ cda. de cacao en polvo
½ cdta. de extracto de almendra
15 ml de aceite de girasol (1 cda.)
¼ cdta. de bicarbonato de amonio*
+ ½ cda. de agua fría
200 g de harina
20 obleas de pastelería de 5 cm

PARA EL BAÑO

Tenemos dos opciones:
200 g de chocolate negro 54 % cacao
+ 10 g de manteca de cacao
o
100 g de azúcar glas + un poquito de agua

* El bicarbonato de amonio es uno de los impulsores más antiguos que se usan en repostería, y originalmente se preparaba con astas de ciervo. Aunque cayó en desuso con la llegada de los impulsores modernos (el bicarbonato sódico y la levadura química), aún se usa en algunas galletas tradicionales, ya que es perfecto para conseguir una textura muy seca y crujiente. Se puede comprar en tiendas especializadas y, a veces, en supermercados que pertenecen a grandes cadenas alemanas.

Las galletas *Lebkuchen* fueron inventadas por unos monjes en el siglo XIII y se convirtieron en los dulces típicos de Núremberg. Como buena receta tradicional, hoy en día existen muchas variedades, tanto por su acabado (bañadas en chocolate, en glaseado de azúcar...) como por su textura (más dura o más blandita) y por sus ingredientes (el sabor final depende mucho de los frutos secos y las especias utilizadas). Lo más habitual es que, en todos los casos, la masa se deposite sobre una oblea comestible, tal y como hacían los monjes.

Encontrar corteza de naranja confitada no es sencillo en nuestro país, por eso propongo que la hagamos casera. Comenzamos hirviendo la piel de naranja en tiras en abundante agua con sal durante un par de minutos (así quitamos el amargor). Escurrimos con cuidado y aclaramos con agua fría. Reservamos. A continuación, mezclamos el agua con el azúcar en un cazo y, cuando comience a hervir y se disuelva el azúcar, incorporamos las naranjas. Cocemos a fuego bajo durante una hora o una hora y media, hasta que estén cocinadas y brillantes y el almíbar haya espesado. Podemos conservarlas en su propio almíbar o congelarlas.

Para elaborar las galletas, preparamos el café y lo dejamos enfriar. Picamos la naranja confitada finamente. Reservamos.

Mezclamos la mantequilla con el azúcar. Incorporamos el huevo y la miel. Añadimos también el extracto de almendra, la almendra molida, el aceite y, por último, la naranja confitada. Reservamos.

Tamizamos la harina con el cacao y las especias. Reservamos.

Mezclamos el bicarbonato de amonio con ½ cucharada de agua fría y lo añadimos al café. Vamos incorporando poco a poco la harina y el café a la mezcla de mantequilla que habíamos preparado en el paso anterior, alternando ambos ingredientes.

Cuando la masa sea homogénea, cubrimos con film para que no coja sabores u olores y dejamos reposar en la nevera toda la noche.

Al día siguiente, precalentamos el horno a 180 °C o a 165 °C si es con aire. Tradicionalmente, se usa una «campana de Lebkuchen» *(Lebkuchenglocke)* para dar forma a las galletas.

Lebkuchen

SUSTITUCIONES

Para hacer la receta sin lácteos, sustituimos la mantequilla por manteca vegetal.

Para hacerla sin huevo, sustituimos cada unidad por un «huevo vegano».

Para hacerla sin gluten, sustituimos la harina por una mezcla comprada o casera de harina sin gluten, y reducimos un 20 % la grasa.

Para alergias a los frutos secos, sustituimos la almendra molida por la misma cantidad de harina común.

Para ello rellenamos la campana con la masa y colocamos encima la oblea. Después, al girar el pomo de la campana, sale la masa adherida a la oblea y lista para hornear.

Si no tenemos este molde, podemos repartir cucharadas de masa directamente sobre las obleas. Tenemos que tener en cuenta que se expandirán un poco al hornearlas.

Horneamos entre 16 y 18 minutos.

Dejamos enfriar por completo primero en la bandeja y luego sobre una rejilla antes de bañar los *Lebkuchen*. Para hacerlo, tenemos dos opciones: preparar un glaseado mezclando azúcar glas con un poquito de agua o fundir el chocolate con la manteca de cacao. Los bañamos con la mezcla que prefiramos y los dejamos secar sobre una rejilla para retirar el exceso.

1

2

3

4

5

6

7

8

10

11

12

3

14

5

16

Speculoos

Estas galletas que están tan de moda son, verdaderamente, originarias de Bélgica (aunque también están presentes en la tradición repostera del norte de Francia y en algunas zonas de Países Bajos y Alemania). Muy especiadas y deliciosas, son perfectas para acompañar el café y se convertirán en tus aliadas cuando busques una galleta que permanece como recién hecha durante muchos días. Además, por su sabor tan especial, son la galleta perfecta para otoño y Navidad.

INGREDIENTES

PARA LA MASA

115 g de mantequilla
120 g de panela tamizada*
60 ml de agua (4 cdas.)
320 g de harina
⅛ cdta. de bicarbonato de amonio**
una pizca de sal
2 cdtas. de especias de _speculoos_***

PARA RELLENAR

Crema de untar de _speculoos_
(a la venta en supermercados)

* La panela suele tener muchos cristales de azúcar gruesos, por lo que es interesante tamizarla antes de pesarla para evitar que estos trozos más grandes estropeen nuestras galletas.

** El bicarbonato de amonio es uno de los impulsores más antiguos que se usan en repostería, y originalmente se preparaba con astas de ciervo. Aunque cayó en desuso con la llegada de los impulsores modernos (el bicarbonato sódico y la levadura química), aún se usa en algunas galletas tradicionales, ya que es perfecto para conseguir una textura muy seca y crujiente. Se puede comprar en tiendas especializadas y, a veces, en supermercados que pertenecen a grandes cadenas alemanas.

*** Podemos preparar nuestra versión casera mezclando 1 cucharadita de canela en polvo, ¼ cucharadita de nuez moscada, ¼ cucharadita de clavo molido, ¼ cucharadita de jengibre en polvo, una pizca de anís y otra de cardamomo.

Comenzamos batiendo la mantequilla con la panela. Disolvemos el bicarbonato de amonio en el agua y lo añadimos a la mezcla. A continuación, incorporamos la harina tamizada con las especias y la sal.

Cuando tengamos una masa lisa y homogénea, dividimos en dos partes y estiramos entre dos papeles de horno cada mitad. Daremos un grosor aproximado de 4 mm. Para esto son muy útiles las guías; podemos fabricarlas de manera casera con dos canaletas para cable o comprarlas hechas.

Refrigeramos nuestra masa durante al menos una hora o hasta que esté bien firme.

Preparamos una bandeja de horno con papel. Hacemos porciones usando nuestros cortadores (si vamos a usar los moldes tradicionales es muy importante enharinarlos para que no se peguen) y las colocamos sobre la bandeja. Refrigeramos de nuevo las galletas media hora antes de hornearlas.

Precalentamos el horno a 180 °C con calor arriba y abajo o a 165 °C si es con aire. Horneamos entre 15 y 18 minutos o hasta que se doren por los bordes.

Podemos rellenarlas con un poco de crema de _speculoos_.

SUSTITUCIONES

Para hacer la receta sin lácteos, sustituimos la mantequilla por manteca vegetal.

Para hacerla sin gluten, sustituimos la harina por una mezcla comprada o casera de harina sin gluten.

Speculoos

1

2

3

4

5

6

Kipferl

Aprendí a preparar estas galletas en un curso de recetas de Navidad en Alemania, allá por 2010. Recuerdo que la profesora nos insistía en que fuéramos cuidadosos para no romperlas al rebozarlas en el azúcar glas. Le hicimos caso… hasta que descubrimos que si se rompían al rebozarlas nos dejaba comérnoslas. Como resultado, ¡digamos que no llegaron tantas galletas al emplatado como cabía esperar!

INGREDIENTES

PARA LA MASA

200 g de harina
65 g de almendras molidas
80 g de azúcar glas
1 cdta. de vainilla en pasta o en extracto
una pizca de sal
150 g de mantequilla fría en cubos
2 yemas

PARA REBOZAR

120 g de azúcar glas

SUSTITUCIONES

Para hacer la receta sin lácteos, sustituimos la mantequilla por manteca vegetal.

Para hacerla sin huevo, sustituimos las 2 yemas por un solo «huevo vegano».

Para hacerla sin gluten, sustituimos la harina por una mezcla comprada o casera de harina sin gluten, y reducimos un 20 % la grasa.

Para alergias a los frutos secos, sustituimos las almendras molidas por su peso en harina común.

En nuestro robot de cocina, añadiremos todos los ingredientes menos las yemas y la vainilla. Lo procesaremos lo justo, hasta tener una masa arenosa. A continuación, incorporaremos las yemas y la vainilla y procesaremos de nuevo hasta obtener una masa homogénea. Es importante evitar batirla en exceso, para que tenga una textura suave. Hacemos cuatro bolas de masa, las filmamos cuidadosamente y las refrigeramos una hora.

Precalentamos el horno a 180 °C con calor arriba y abajo o a 160 °C si es con aire. Preparamos la bandeja de horno con papel.

Formamos las medialunas con cuidado, a mano. Para ello, cogeremos porciones de masa de unos 20 g y les daremos forma de medialuna. Iremos sacando solo una bola de masa de la nevera cada vez, para evitar que se ablande la masa.

Colocamos las galletas espaciadas en la bandeja y horneamos durante 10 minutos.

Dejamos enfriar por completo antes de rebozar en el azúcar glas con muchísimo cuidado.

Kipferl

1

2

3

4

5

6

7

8

9

Sablé breton

Estas deliciosas galletas tradicionales francesas me dieron bastantes dolores de cabeza cuando estudiaba en Le Cordon Bleu, pero con los años me he reconciliado con ellas. Su característica más distintiva, aparte de una textura quebradiza en boca deliciosa, son las rayas de su superficie, que realizaremos antes de hornearlas usando un tenedor.

INGREDIENTES

PARA LA MASA

100 g de mantequilla fría en dados
100 g de azúcar glas
200 g de harina
2 yemas (40 g)
½ cdta. de levadura química (2 g)
10 ml de agua (2 cdtas.)
una pizca de sal
un huevo batido para el brillo

SUSTITUCIONES

Para hacer la receta sin lácteos, sustituimos la mantequilla por manteca vegetal.

Para hacerla sin huevo, sustituimos las dos yemas por un solo «huevo vegano» y pintamos las galletas con leche o nata, animal o vegetal.

Para hacerla sin gluten, sustituimos la harina por una mezcla comprada o casera de harina sin gluten, y reducimos un 20 % la grasa.

Colocamos la mantequilla fría en dados junto con la harina, el azúcar glas, la sal y la levadura química en nuestro robot de cocina y procesamos hasta que tengamos una especie de textura arenosa, como unas migas finas. También podemos usar unas cuchillas de cocina. En ese momento incorporamos las yemas y el agua y procesaremos de nuevo unos instantes, lo justo para tener una bola homogénea de masa. La masa no ha de coger temperatura.

Estiraremos la masa entre dos papeles de horno hasta que tenga un grosor de 4 mm y refrigeraremos durante una hora.

Precalentamos el horno a 160 °C con calor arriba y abajo o a 145 °C si es con aire, y preparamos la bandeja de horno con papel.

Cortaremos con el cortador de borde ondulado de 5 cm de diámetro y colocamos las galletas espaciadas en nuestra bandeja. Pintaremos cada galleta dos veces con huevo batido y finalmente marcaremos con el tenedor.

Hornearemos durante 15 minutos o hasta que estén bien doraditas. Dejamos enfriar sobre la bandeja y después en una rejilla.

net avec
ballage
240g
FABRIQUE A
GOUR
pour cent de

Sablé breton

1

2

3

4

5

6

7

8

9

Pastas de té

Esta receta no puede faltar en un libro de galletas ya que, al fin y al cabo, se trata de las galletas que nos han acompañado en muchos momentos de nuestra infancia, cuando las meriendas especiales siempre venían acompañadas de una cajita de pastas. En este caso he preparado las que van bañadas en chocolate, mis favoritas, pero no dudes en darles un toque clásico rellenándolas con tu mermelada favorita o colocando una guinda en el centro. También puedes dar un toque especial a la masa añadiendo ralladura de algún cítrico o una pizca de canela.

INGREDIENTES

PARA LA MASA

200 g de mantequilla
100 g de azúcar glas
1 huevo
180 g de harina
150 g de maicena
una pizca de sal
1 cdta. de vainilla en pasta o en extracto

PARA DECORAR

200 g de chocolate 54 % cacao
15 g de manteca de cacao (opcional)
sprinkles

SUSTITUCIONES

Para hacer la receta sin lácteos, sustituimos la mantequilla por manteca vegetal.

Para hacerla sin huevo, sustituimos cada unidad por un «huevo vegano».

Para hacerla sin gluten, sustituimos la harina por una mezcla comprada o casera de harina sin gluten, y reducimos un 20 % la grasa.

Comenzamos batiendo la mantequilla con el azúcar hasta que esté bien integrado y la mezcla sea muy blanca. Añadimos el huevo y la vainilla en pasta. Una vez la masa sea homogénea, añadimos la harina tamizada con la maicena y la sal. Tiene que quedar una masa bien blandita.

Metemos la masa en una manga pastelera con una boquilla rizada (yo he usado la 1M para hacer los rosetones con mermelada y los corazones) y hacemos formas sobre una bandeja de horno cubierta por un papel o un silpat. Yo prefiero en este caso silpat porque, como pesa más, no se levanta al terminar de escudillar. También podemos usar una pistola para galletas, aunque en ese caso tendremos que escudillar las pastas directamente sobre la bandeja para conseguir un acabado perfecto.

Enfriamos las pastas en la nevera al menos 2 horas para asegurarnos de que mantengan la forma durante el horneado. También podemos prepararlas de un día para otro y dejar que «duerman» en frío toda la noche.

Precalentamos el horno a 180 °C con calor arriba y abajo o a 165 °C si es con aire y horneamos hasta que comiencen a dorarse por los bordes, unos 15 minutos. Las sacamos y las dejamos atemperarse en la propia bandeja.

Una vez estén a temperatura ambiente, las colocamos sobre una rejilla para que acaben de enfriarse.

Para decorarlas, fundimos el chocolate al baño maría junto con la manteca de cacao y lo usamos para bañarlas. Antes de que se seque, las decoramos con *sprinkles*.

Pastas de té

1

2

3

4

5

6

7

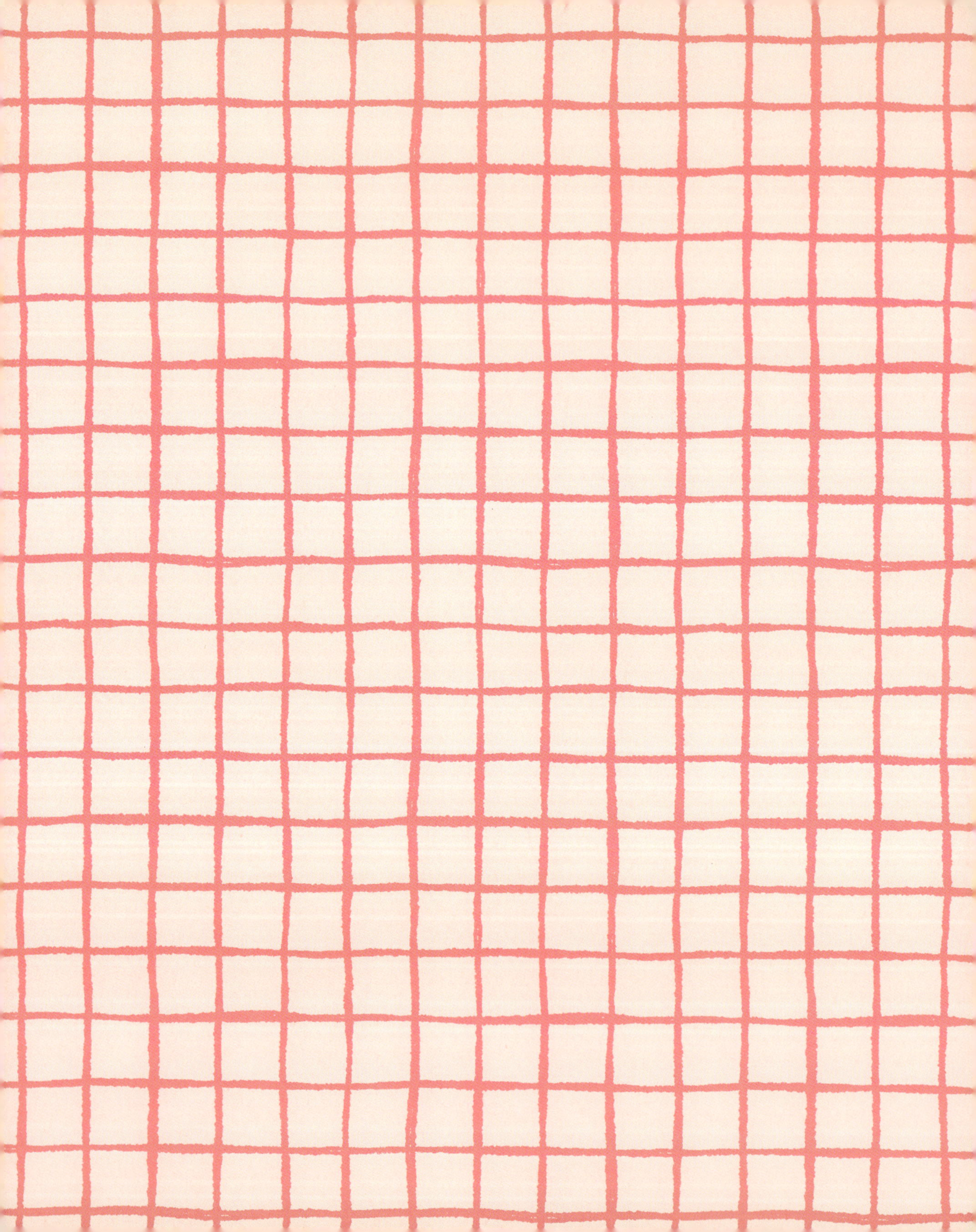

Galletas decoradas

En este capítulo he recopilado mis cuatro recetas favoritas de galletas que no pierden la forma y, por tanto, son perfectas para decorar con glasa o *fondant*. Antes de empezar con ellas, os presento mis consejos para decorar galletas, así como la receta para preparar la glasa y las instrucciones para utilizarla.

Decorar galletas

Decoración con fondant

El *fondant* es una pasta a base de azúcar que se puede comprar en tiendas de repostería. Su textura es similar a una plastilina, pero es comestible. Además, es importante recordar que en contacto con el aire se seca, por lo que tras su uso siempre habrá que cubrirlo bien con film o, mejor aún, envasarlo al vacío, para evitar que se endurezca. Lo podemos comprar de colores o blanco y teñirlo con colorantes en pasta.

Para trabajar con el *fondant,* primero lo amasaremos bien. Después, si estamos decorando galletas, lo más habitual es usar cortadores o moldes.

A continuación, recojo algunos consejos sencillos que llevarán nuestras galletas a otro nivel.

Si vamos a usar moldes de silicona, solamente tendremos que rellenarlos con cuidado, quitando el exceso con una espátula (nunca usaremos un cuchillo, ya que podría dañar el molde). Después, para adherirlo a las galletas, usaremos pegamento comestible, glucosa o sirope de maíz, siempre en muy poca cantidad (páginas 258 y 259).

Para hacer galletas «rayadas» solo tenemos que colocar dos porciones de *fondant* del mismo tamaño y cortar rodajas con un cuchillo afilado. Las colocamos unas al lado de otras y después aplastamos con el rodillo para obtener un *fondant* a rayas que podamos cortar con nuestro cortador (página 260).

Otra opción es usar diferentes texturizadores para nuestras galletas.

Si vamos a usar plantillas *(stencils),* las colocaremos directamente sobre nuestro *fondant* y presionaremos de nuevo con el rodillo. Después, podemos pintar la superficie (antes de retirar la plantilla) con pigmentos comestibles en polvo. Al retirar la plantilla, el diseño habrá quedado marcado sobre el *fondant* y podremos cortarlo con el cortador del mismo tamaño que la galleta que estamos decorando (página 261).

También podemos utilizar rodillos texturizadores o plantillas de texturas para dar relieve a nuestro *fondant.* Una vez marcado, ya podemos cortarlo con los cortadores y pegarlo sobre las galletas (página 262).

Por último, podemos usar diferentes cortadores (por ejemplo, con forma de letras) para dar aún un toque más personal a nuestras galletas. En las tiendas especializadas de repostería encontraremos decenas de cortadores, marcadores, texturizadores... para que nuestras galletas luzcan increíbles.

1

2

3

4

5

Decoración con fondant

1

2

3

4

5

2

3

1

2

3

4

5

Chloe

Decorar galletas

Decoración con glasa

La glasa es esa cobertura deliciosa y «durita» que da un acabado perfecto a las galletas decoradas. Su sabor más habitual es neutro, pero puede aromatizarse al gusto. Además, podemos teñirla para lograr los acabados más espectaculares.

Para decorar galletas con glasa hay muchas técnicas; yo uso la que combina glasa de delineado con glasa de relleno:

- La glasa de delineado, como su nombre indica, será la que usaremos para delinear las galletas, y también para decorar los bordes de nuestras galletas de *fondant*.
- La glasa de relleno la usaremos para rellenar todos aquellos espacios que hayamos creado con nuestra glasa de delineado.

Glasa de delineado

Hay dos opciones para preparar la glasa de delineado:

- 500 g de azúcar glas + 3 cucharadas de merengue en polvo o albúmina en polvo + 90 ml de agua.
- 400 g de azúcar glas + 60 ml de clara de huevo pasteurizada.

Además, podemos añadir vainilla en extracto o nuestro aroma concentrado favorito (es importante que sea concentrado para que no varíe la textura de la glasa).

Tamizamos el azúcar glas con el merengue en polvo. Lo colocamos en el bol de la batidora e incorporamos el agua. Batimos durante 5 o 7 minutos a velocidad muy baja, hasta que la mezcla esté blanca, brillante y con una textura similar a la de la pasta de dientes. Si nos queda muy dura, podemos añadir un poquito más de agua, gota a gota.

Si vamos a preparar la glasa con clara pasteurizada, primero tamizamos el azúcar glas en el bol de la batidora e incorporamos las claras. Mezclamos con la pala (o una espátula si lo estamos haciendo a mano) durante 5 o 7 minutos a velocidad muy baja, hasta que la mezcla esté blanca, brillante y con una textura similar a la de pasta de dientes. Si queda muy dura, añadimos un poco de agua, gota a gota. La conservaremos bien cubierta con film a piel ya que se seca rápidamente.

1

2

3

Glasa de relleno

La prepararemos a partir de la glasa de delineado, añadiendo agua gota a gota mientras removemos, hasta que la glasa esté un poco más líquida. Necesitamos lograr una textura similar a la de un yogur bebible, con la densidad suficiente para no escurrirse por los laterales de la galleta pero ser lo suficientemente líquida para que quede bien lisa al secarse. La conservaremos bien cubierta con film a piel ya que se seca rápidamente.

4

6

7

9

Decorar galletas

¿Cómo se usa la glasa?

Si solo vamos a usar glasa de delineado: teñimos nuestra glasa con los colores que más nos gusten. Para obtener colores intensos es importante usar colorante en pasta. Para colores como el rojo o el negro, buscaremos «colorantes extra».

Otro buen truco es teñir la glasa el día anterior a usarla. Con el paso de las horas, el color se intensifica y probablemente no será necesario añadir tanto colorante como pensábamos en principio. Recuerda conservarla muy bien cubierta con film a piel y refrigerada.

Usando las boquillas 2 y 3 podemos decorar perfectamente galletas tan bonitas como estos hombres de jengibre que ves en las imágenes. Al dibujar sobre las galletas, tendremos que separar la boquilla de la superficie, para que el flujo de glasa quede redondeado y uniforme. Si quedan piquitos, los podemos aplanar con un pincel humedecido en agua.

1

2

3

4

Decorar galletas

¿Cómo se combinan la glasa de delineado y el fondant?

Con la boquilla 18, por ejemplo, podemos conseguir una textura similar a la de las ramas de un abeto de Navidad. En las galletas que ves en la imagen yo he combinado la boquilla 18 con *sprinkles* variados y *fondant* moldeado con moldes de silicona.

1

2

3

1

2

3

Decorar galletas

¿Y cómo se usa la glasa de relleno?

Como ya te avanzaba antes, la glasa de relleno siempre se usa para, como dice su nombre, rellenar superficies que hemos delimitado con la glasa de delineado. Tendremos que esperar a que la glasa de delineado esté seca siempre antes de aplicarla.

Primero separamos la glasa de delineado en tantos colores como vayamos a necesitar. Teñimos cada porción con los colores en pasta y cubrimos bien cada bol con film a piel para evitar que se seque.

Ahora separamos un tercio de cada color y lo colocamos en una manga pastelera con boquilla redonda del número 2 o 3. Cerramos con una pinza y tapamos la boquilla con un palillo. Serán las mangas pasteleras que usemos para delinear las galletas.

Añadimos gota a gota el agua al resto de la glasa (como la hemos dividido en varios colores, tendremos que hacerlo por cada color) mientras removemos hasta que esté un poco más líquida. Necesitamos lograr una textura similar a la de un yogur bebible. Serán nuestras glasas de relleno (en todos los colores necesarios).

Cuando tengamos listo cada color, lo pasamos a un biberón para salsas o a una manga pastelera con boquilla redonda, lo que más cómodo nos resulte. Es imprescindible poner un palillo para cerrar la boquilla y que no se seque la glasa.

Para combinar ambos tipos de glasa, empezaremos por delinear las galletas. Cuando delineamos las galletas, lo que estamos creando es una barrera para que nuestra glasa de relleno no se salga por los laterales. Empezaremos a apretar la manga donde queremos comenzar a delinear, con una inclinación de unos 45° con respecto a la galleta.

Presionamos de forma constante mientras movemos la manga siguiendo el diseño que queremos delinear. Lo más importante es levantar la boquilla de manga respecto a la galleta. Asusta un poco, lo sé, pero es la única forma de conseguir un delineado perfecto que luego nos permita rellenar bien las formas. Si arrastramos la punta por el borde de la galleta, el delineado será plano e irregular, y cuando echemos la glasa de relleno, se verterá por los laterales.

Una vez hayamos delineado nuestro diseño, dejamos de presionar y posamos de nuevo la punta de la boquilla en la galleta para cerrar el delineado. Lo tendremos que dejar secar durante unos minutos antes de rellenar las galletas.

Al rellenar las galletas tendremos que asegurarnos de que no nos quede ningún huequito sin glasa. Usaremos el biberón para rellenar con glasa suficiente para que nos quede un relleno gordito, pero sin pasarnos (o se desbordarán). Si vemos alguna burbujita, la podemos pinchar con un palillo antes de que se seque.

Además, con la glasa de relleno podemos conseguir diferentes efectos, como lunares. Eso se consigue vertiendo gotas de glasa de relleno de un color que contraste con el color que habíamos usado para rellenar esa zona de la galleta. También podemos hacer corazones atravesando esas gotas de delineado con un palillo.

Otra forma de decorar las galletas es haciendo diferentes líneas de colores con glasa de relleno y después atravesarlas con un palillo para conseguir así diferentes estampados (página 265).

Por último, podemos dar un toque adicional a las galletas que habíamos rellenado con glasa y decorarlas con glasa de delineado por encima, ya sea con una boquilla fina, como la número 1 o 2, remarcando detalles o delineando partes de la galleta, o con una boquilla gruesa, como la 18, para simular, por ejemplo, el pelito de una bota de Navidad. Para eso tendremos que esperar a que la galleta esté totalmente seca, de forma que al manipularla para aplicar los detalles con la manga pastelera no la dañemos.

Por último, es esencial proteger siempre la glasa mientras trabajamos con ella (cerrando las boquillas con palillos, cubriendo los boles con film...) para evitar que se seque.

Una vez decoradas las galletas, esperaremos entre 12 y 24 horas hasta que se haya secado por completo antes de apilarlas o envasarlas, ya que pueden estropearse.

2

3

4

5

6

De jengibre

Perfectas para otoño y, sobre todo, Navidad. Para un aroma más intenso, usaremos una melaza de buena calidad y que sea muy aromática. Por otro lado, ¡cuidado con el jengibre! Si es muy fuerte, puede hacer que las galletas queden picantes.

INGREDIENTES

PARA LA MASA

100 g de mantequilla
100 g de panela tamizada* o azúcar blanco**
1 huevo
100 g de melaza
350 g de harina
½ cdta. de bicarbonato sódico
1½ cdta. de canela en polvo
2 cdtas. de jengibre en polvo
una pizca de nuez moscada

* La panela suele tener muchos cristales de azúcar gruesos, por lo que es interesante tamizarla antes de pesarla para evitar que estos trozos más grandes estropeen nuestras galletas.

** Si quieres unas galletas más dulzonas y no tan aromáticas, puedes usar azúcar blanco. No hay que tamizarlo, ya que se integra muy bien en la masa.

SUSTITUCIONES

Para hacer la receta sin lácteos, sustituimos la mantequilla por manteca vegetal.

Para hacerla sin huevo, sustituimos cada unidad por un «huevo vegano».

Para hacerla sin gluten, sustituimos la harina por una mezcla comprada o casera de harina sin gluten, y reducimos un 20 % la grasa.

Batimos la mantequilla con el azúcar hasta que estén integrados y la mezcla sea muy cremosa. Incorporamos el huevo y la melaza y batimos de nuevo. Tamizamos la harina con el bicarbonato y las especias y la añadimos al bol de la mantequilla, batiendo a la velocidad mínima. Estiramos la masa entre dos papeles de horno, hasta lograr un grosor uniforme.

Refrigeramos una hora o hasta que esté bien firme.

Precalentamos el horno a 180 °C con calor arriba y abajo o a 165 °C si es con aire. Preparamos una bandeja con papel de horno.

Una vez la masa esté fría, la cortamos usando los cortadores que hayamos elegido. Una vez cortadas, las trasladamos a nuestra bandeja de horno y las horneamos entre 10 y 12 minutos o hasta que los bordes comiencen a dorarse.

Tras el horneado las dejamos enfriar en la bandeja hasta que estén templadas (si intentamos moverlas en caliente, se romperán) y después las llevamos a la rejilla para que terminen de enfriarse.

Las galletas aguantan perfectamente como mínimo una semana (realmente nos durarán mucho más) siempre que estén en un recipiente hermético o embolsadas.

También podemos congelar la masa una vez hayamos cortado las galletas y hornearlas directamente. Tan solo tardarán 1 minuto más en hacerse. Otra opción es congelar la estirada, en cuyo caso tendremos que pasarla a la nevera para poderla cortar.

2

3

5

De mantequilla

Las más clásicas para ser decoradas con glasa o *fondant*. Yo suelo elaborarlas con vainilla en pasta, pero la verdad es que podemos añadir el aroma que más nos guste. En este caso, he preparado unas galletas de mantequilla con aroma de canela y las he rellenado con mermelada de calabaza.

Es muy importante que, a la hora de hornear, coloquemos en la misma bandeja las galletas del mismo tamaño. Si horneamos galletas muy pequeñas junto a otras muy grandes, las pequeñas se quemarán o las grandes quedarán poco hechas.

INGREDIENTES

PARA LA MASA

250 g de mantequilla pomada
250 g de azúcar blanco
1 huevo
500 g de harina
aroma al gusto, por ejemplo:

- 1 cdta. de vainilla en pasta o en extracto
- 1 cdta. de canela
- 1 cdta. de ralladura de naranja o limón
- 1 cdta. de cardamomo molido
  + la ralladura de una naranja

SUSTITUCIONES

Para hacer la receta sin lácteos, sustituimos la mantequilla por manteca vegetal.

Para hacerla sin huevo, sustituimos cada unidad por un «huevo vegano».

Para hacerla sin gluten, sustituimos la harina por una mezcla comprada o casera de harina sin gluten, y reducimos un 20 % la grasa.

Batimos la mantequilla con el azúcar hasta que estén integrados y la mezcla sea muy cremosa. Incorporamos el huevo y la vainilla o el aroma que hayamos elegido y batimos de nuevo. Tamizamos la harina y la añadimos al bol de la mantequilla, batiendo a la velocidad mínima.

Estiramos la masa entre dos papeles de horno, hasta lograr un grosor uniforme. Refrigeramos hasta que esté bien firme.

Precalentamos el horno a 180 °C o a 165 °C si es con aire. Cubrimos una bandeja de horno con papel.

Mientras tanto, formamos las galletas con el cortador, las pasamos a nuestra bandeja de horno y hornearemos entre 10 y 12 minutos o hasta que los bordes comiencen a dorarse (dependerá del tamaño de la galleta). La masa que sobre volvemos a amasarla, a estirarla y a refrigerarla.

Tras el horneado las dejaremos enfriar en la bandeja hasta que estén templadas (si intentamos moverlas en caliente, se romperán) y después las llevamos a la rejilla para que terminen de enfriarse.

Si las vamos a decorar con glasa o a rellenar (como las de la foto), lo hacemos una vez estén frías.

Las galletas aguantan perfectamente como recién hechas durante varios días siempre que estén en un recipiente hermético o embolsadas.

También podemos congelar la masa una vez hayamos cortado las galletas y hornearlas directamente. Tan solo tardarán 1 minuto más. Otra opción es congelar la masa una vez estirada, en cuyo caso tendremos que pasarla a la nevera para poderla cortar.

Pumpkin

De mantequilla

1

2

3

4

5

6

7

8

9

De chocolate

Conseguir unas galletas de chocolate que conserven la forma y que, a la vez, no se sequen demasiado pronto (por el efecto del cacao) ha sido un reto. Esta es mi versión favorita. El sirope de arce les da un sabor irresistible y hace que se conserven jugosas muchos días. En su lugar, también podemos usar melaza.

INGREDIENTES

PARA LA MASA

350 g de harina
50 g de cacao en polvo sin azúcar
1 huevo
100 g de panela tamizada*
o azúcar blanco**
100 g de mantequilla
130 g de sirope de arce
½ cdta. de bicarbonato sódico
2 cdtas. de extracto de vainilla o pasta

* La panela suele tener muchos cristales de azúcar gruesos, por lo que es interesante tamizarla antes de pesarla para evitar que estos trozos más grandes estropeen nuestras galletas.
** Estas galletas tienen un intenso sabor a chocolate; si las queremos más dulzonas, podemos utilizar azúcar blanco.

SUSTITUCIONES

Para hacer la receta sin lácteos, sustituimos la mantequilla por manteca vegetal.

Para hacerla sin huevo, sustituimos cada unidad por un «huevo vegano».

Para hacerla sin gluten, sustituimos la harina por una mezcla comprada o casera de harina sin gluten, y reducimos un 20 % la grasa.

Batimos la mantequilla con el azúcar hasta que estén integrados y la mezcla sea muy cremosa. Incorporamos el huevo, la vainilla y el sirope de arce y batimos de nuevo.

Tamizamos la harina con el bicarbonato y el cacao y la añadimos al bol de mantequilla, batiendo a la velocidad mínima.

Estiramos la masa entre dos papeles de horno, hasta lograr un grosor uniforme. Refrigeramos durante una hora.

Precalentamos el horno a 180 °C con calor arriba y abajo o a 165 °C si es con aire. Preparamos una bandeja con papel de horno.

A continuación, las cortaremos usando los cortadores y las hornearemos entre 10 y 12 minutos.

Tras el horneado las dejaremos enfriar en la bandeja hasta que estén templadas (si intentamos moverlas en caliente, se romperán) y después las llevamos a una rejilla para que terminen de enfriarse.

Las galletas aguantan perfectamente como recién hechas siempre que estén en un recipiente hermético o embolsadas.

También podemos congelar la masa una vez hayamos cortado las galletas y hornearlas directamente. Tan solo tardarán 1 minuto más. Otra opción es congelarla estirada, en cuyo caso tendremos que pasarla a la nevera para poder cortarla.

MOUSE
DUCK
Since 1934
¢10

De chocolate

1

2

3

¡ATENCIÓN!

Aprende a decorar estas galletas en la página 258.

4

5

6

7

Petit-beurre

Esta masa tradicional francesa, la de las galletas *petit-beurre*, tiene un proceso muy curioso y diferente al resto de recetas. Sin huevo y con agua, son perfectas para personas alérgicas al huevo o si queremos preparar una receta que conserve la forma y esté absolutamente deliciosa.

INGREDIENTES

PARA LA MASA

100 g de mantequilla pomada
100 g de azúcar glas
60 ml de agua (4 cdas.)
250 g de harina
½ cdta. de levadura química

SUSTITUCIONES

Para hacer la receta sin lácteos, sustituimos la mantequilla por manteca vegetal.

Para hacerla sin gluten, sustituimos la harina por una mezcla comprada o casera de harina sin gluten, y reducimos un 20 % la grasa.

Colocamos la mantequilla con el azúcar glas y el agua en un cazo y calentamos hasta que se disuelvan la mantequilla y el azúcar. No debe llegar a hervir. Dejamos enfriar durante 15 minutos e incorporamos la harina tamizada con la levadura química.

Estiramos la masa entre dos papeles de horno y refrigeramos durante 2 horas o hasta que esté bien firme.

Mientras tanto, preparamos el relleno: calentamos la nata hasta que comience a hervir y la vertemos sobre el chocolate troceado. Removemos hasta que emulsione y dejamos enfriar a temperatura ambiente cubierto con un film a piel.

Pasado ese tiempo, precalentamos el horno a 180 °C o a 160 °C si es con aire. Preparamos una bandeja de horno con un papel.

Estiramos la masa sobre una superficie enharinada. Cortamos las formas y las horneamos entre 10 y 12 minutos o hasta que comiencen a dorarse por los bordes.

Dejamos enfriar por completo, primero sobre la bandeja y luego sobre una rejilla.

PETIT BEURRE

Petit-beurre

1

2

3

4

5

6

7

8

9

PETIT BEURRE

Cinco recetas irresistibles con galletas

En este capítulo he querido ir más allá de las galletas y he recopilado cinco recetas que las usan como ingrediente fundamental. Las galletas se emplean muy habitualmente en recetas que no requieren horneado, ya que sirven para crear bases, para dar texturas crujientes... ¡Espero que tengan tanto éxito como en mi casa!

Banana pudding

Un postre irresistible popularizado por la famosa pastelería Magnolia Bakery de Nueva York y que combina una sedosa crema diplomática de vainilla con trozos de galletas abizcochadas de vainilla y rodajas de plátano. Una delicia.

INGREDIENTES

PARA EL RELLENO

una tanda de galletas abizcochadas de vainilla (página 174)
3 plátanos en rodajas

PARA LA CREMA

375 ml de leche
75 g de azúcar blanco
3 yemas
35 g de maicena
2 cdtas. de vainilla en pasta o en extracto
4 g de gelatina en hojas
200 g de nata para montar

SUSTITUCIONES

Para hacer la receta sin lácteos, en las galletas, seguimos los consejos de la página 174; en la crema, sustituimos la leche por cualquier leche vegetal y la nata por nata vegetal para montar.

Para hacerla sin huevo, en las galletas, seguiremos los consejos de la receta de la página 174; para la crema, diluimos 3 cucharadas de maicena en 75 ml de leche fría, añadimos 300 ml de leche, 75 g de azúcar blanco y 1 cucharadita de vainilla en pasta; calentamos todo hasta que espese e incorporamos la gelatina tal y como se indica.

Para hacerla sin gluten, sustituimos la harina por una mezcla comprada o casera de harina sin gluten, y reducimos un 20 % la grasa.

Elaboramos las galletas de vainilla y dejamos que se enfríen por completo.

Hidratamos la gelatina en agua bien fría.

En un cazo, calentamos la leche con la mitad del azúcar. Mientras tanto, batimos enérgicamente las yemas con el resto del azúcar y la maicena, hasta que no haya ni un grumo. Cuando la leche empiece a humear, la vertemos sobre las yemas sin dejar de remover.

Nada más retirarla del fuego, incorporamos la gelatina escurrida. Removemos bien y dejamos que vuelva a temperatura ambiente filmado a piel.

Una vez tenemos la crema lista, montamos la nata; para que monte con mayor facilidad es importante que esté bien fría. Reservamos.

Cogemos la crema pastelera y la batimos enérgicamente con unas varillas para que recupere la textura original. Incorporamos la nata con movimientos envolventes.

Para montar el postre, buscamos un recipiente de cristal y alternamos capas de crema, trozos de galletas y rodajas de plátano. Podemos decorar con nata montada o con rodajas de plátano y trocitos de galletas por encima. Podemos comer de inmediato o conservar refrigerado hasta 3 días.

Banana pudding

1

2

3

4

5

6

7

8

9

Cheesecakes individuales de chocolate blanco, yogur y fresa

INGREDIENTES

PARA LA BASE

150 g de galletas *graham crackers* (página 134)
70 g de mantequilla

PARA EL RELLENO

320 g de queso mascarpone
120 g de yogur griego
160 g de chocolate blanco
4 huevos
90 g de azúcar blanco
100 g de nata para montar
15 g de harina

PARA LA SALSA

400 g de fresas
60 g de azúcar blanco
50 ml de agua
1 cda. de maicena (8 g)

SUSTITUCIONES

Para hacer la receta sin lácteos, en las galletas, seguimos los consejos de la página 134, y utilizamos alternativas vegetales para el queso, el yogur y el chocolate, así como para la mantequilla de la base.

Para hacerla sin huevo, en las galletas, seguimos los consejos de página 134; en la tarta de queso, sustituimos los huevos por 4 cucharadas de maicena disueltas en 120 ml de leche.

Para hacerla sin gluten, omitimos la harina del relleno y, en las galletas, seguimos los consejos de la página 134.

Las galletas tienen un papel fundamental en las tartas de queso, ya que prácticamente el 99 % de las recetas las usan en sus bases. En este caso, he utilizado las galletas *graham crackers* para preparar esta receta espectacular que tiene un interior cremosísimo que te va a enamorar.

Empezamos por la salsa. Calentamos las fresas con el azúcar, aplastándolas un poco para que suelten el jugo. Añadimos el agua mezclada con la maicena para espesar la salsa. Reservamos filmado a piel hasta que vuelva a temperatura ambiente.

Precalentamos el horno a 160 °C con calor arriba y abajo. Evitaremos hornear con aire los *cheesecakes*, ya que los reseca y tiende a agrietarlos.

Mezclamos todos los ingredientes de la base hasta tener una masa homogénea. La extendemos y la usamos para cubrir la base de los moldes que vayamos a utilizar. Metemos en la nevera para que se endurezca.

A continuación, calentamos la nata y la vertemos sobre el chocolate blanco. Removemos muy bien hasta que emulsione, obteniendo una *ganache* brillante. Reservamos.

Con el robot de cocina o la batidora de sobremesa, batimos el queso mascarpone con el yogur, el azúcar y la harina. Añadimos los huevos y finalmente la *ganache* de chocolate blanco. Se trata de que nos quede una masa homogénea y sin aire en su interior.

Repartimos la masa en los moldes. Horneamos entre 20 y 25 minutos o hasta que esté cuajada la superficie pero «baile» si movemos los moldes.

Apagamos el horno, abrimos un poco la puerta y las dejamos templar dentro. Una vez esté a temperatura ambiente, desmoldamos y decoramos con la salsa de fresa.

Cheesecakes individuales de chocolate blanco, yogur y fresa

1

2

3

4

5

6

7

8

9

Icebox cake de crema de chocolate y avellanas

Para esta receta, necesitaremos una hornada de cualquiera de las *cookies* de este libro, horneada en porciones de 50 g (tardarán 12 minutos en hacerse). Yo he preparado las *de chocolate chunk cookies*. Necesitarás aproximadamente 20 galletas.

INGREDIENTES

PARA LA BASE

una receta de *cookies* de este libro
(porciones de 50 g)

PARA LA CREMA

200 g de crema de chocolate y avellanas
300 g de queso de untar
500 ml de nata de montar
30 g de azúcar glas

SUSTITUCIONES

Para hacer la receta sin lácteos, en las galletas, seguimos los consejos de la receta elegida; en la crema, utilizamos alternativas vegetales al queso y la nata.

Para hacerla sin huevo, seguimos los consejos de la receta de galletas elegida.

Para hacerla sin gluten, seguimos los consejos de la receta de galletas elegida.

Para alergias a los frutos secos, elegimos una crema de untar que no tenga avellanas o la sustituimos por el mismo peso en chocolate negro fundido, dejando que se temple un poco antes de batirlo con el queso.

Con las varillas, batimos el queso de untar con la crema de chocolate y avellanas y el azúcar glas hasta que estén bien integrados. Añadimos la nata y seguimos batiendo hasta que se airee y quede bien firme. Reservamos en la nevera.

Preparamos un molde de 18 a 20 cm de diámetro cubriendo la base con papel de horno. Colocamos encima una capa de crema y luego unas galletas (dependiendo de su tamaño, cabrán unas 5 o 6), que irán boca abajo, ya que después desmoldaremos nuestra tarta del revés. Vertemos encima cuatro buenas cucharadas de la crema de nata y mascarpone. Encima colocamos otra capa de galletas, y vamos repitiendo la operación hasta haber terminado con las galletas.

Cubrimos con film y refrigeramos toda la noche. Durante la noche se ablandarán las galletas y al día siguiente estarán deliciosas.

Desmoldamos sobre un plato, alisamos las posibles imperfecciones en la crema y decoramos con nata de montar y los trocitos de las galletas que hayan sobrado.

Icebox cake de crema de chocolate y avellanas

1

2

3

4

5

6

7

8

9

Tarta especiada de la abuela

INGREDIENTES

PARA LA CREMA PASTELERA

650 ml de leche
125 g de azúcar blanco
4 yemas
250 g de maicena
50 g de crema de *speculoos*

PARA LA *GANACHE* DE CHOCOLATE

200 g de chocolate negro 54 % cacao
200 ml de nata para montar
1 cda. de crema de untar de *speculoos*

PARA LA BASE

una tanda de galletas *speculoos* (página 240)
2 vasos de leche

SUSTITUCIONES

Para hacer la receta sin lácteos, en las galletas, seguimos los consejos de la página 240; en la crema, sustituimos la leche por cualquier leche vegetal y la nata por nata vegetal o por la parte grasa de la leche de coco.

Para hacerla sin huevo, en las galletas, seguimos los consejos de la página 240. En la crema, sustituimos el huevo por una mezcla de 4 cucharadas de maicena diluidas en 100 ml de leche fría, a la que añadimos 400 ml de leche, 100 g de azúcar blanco y crema de *speculoos*; calentamos hasta que espese y reservamos filmado a piel.

Para hacerla sin gluten, en las galletas, seguimos los consejos de la página 240. Para aromatizar la crema y la *ganache* no podremos usar la crema de *speculoos*, por lo que preparamos una mezcla de especias con 1 cucharadita de canela en polvo, ¼ de cucharadita de nuez moscada, ¼ de cucharadita de clavo molido, ¼ de cucharadita de jengibre en polvo, una pizca de anís y una pizca de cardamomo.

Una versión divertida y especiada de la clásica tarta de la abuela. Combinamos nuestras galletas caseras *speculoos* con una crema pastelera especiada y una deliciosa *ganache*. Si os gusta la tarta clásica de la abuela, esta os va a enamorar.

Empezamos preparando la crema pastelera. En un cazo calentamos la leche con la mitad del azúcar. Mientras tanto, batimos enérgicamente las yemas con el resto del azúcar y la maicena, hasta que no haya ni un grumo. Cuando la leche empiece a humear, la vertemos sobre las yemas sin dejar de remover. Cuando esté todo disuelto, vertemos la mezcla en el cazo y calentamos de nuevo sin dejar de remover hasta que empiece a espesar. Tan pronto como empiece a hervir, retiramos del fuego e incorporamos la crema de *speculoos*. Filmamos a piel la crema pastelera hasta que esté templada.

En la base del molde que vayamos a utilizar, colocamos una primera capa de *speculoos* remojadas previamente en la leche. Extendemos la crema pastelera tibia sobre las galletas. Cubrimos con una nueva capa de galletas empapadas en leche. Metemos la preparación a el frigorífico mientras preparamos la *ganache*.

Troceamos el chocolate negro y lo colocamos en un bol resistente al calor. En un cazo, calentamos la nata hasta que comience a hervir. La vertemos sobre el chocolate. Removemos hasta que se deshaga el chocolate y la *ganache* esté brillante. Incorporamos la crema de *speculoos* y removemos hasta que se integre.

Sacamos el molde del frigorífico y cubrimos con la *ganache*. Espolvoreamos con galletas *speculoos* picadas.

Dejamos reposar en el frigorífico al menos 4 horas (mejor de un día para otro). Servimos bien fría.

Tarta especiada de la abuela

1

2

3

4

5

Trufas de galleta y pistacho

Estas trufas irresistibles las podemos preparar con las sobras de cualquiera de las galletas de este libro. Son deliciosas y la solución perfecta cuando unas galletas ya empiezan a estar duritas. Yo he usado las *petit-beurre* por su sabor suave, pero no es obligatorio que sean esas, ya que cualquier galleta picada nos valdrá.

INGREDIENTES

PARA LAS TRUFAS

150 g de pistachos + pistachos picados para rebozar
300 g de galletas de nuestra elección
120 ml de ron añejo (o de zumo de uva, para una versión sin alcohol)
80 g de azúcar glas
30 ml de miel

Trituramos las galletas y las colocamos en un bol. Picamos los pistachos y los incorporamos. Añadimos el azúcar glas, el ron y la miel y mezclamos muy bien.

Dejamos reposar la masa durante 10 o 15 minutos en la nevera. Pasado ese tiempo, hacemos bolitas de unos 25 g y las rebozamos con el pistacho picado.

Podemos conservarlas en la nevera de 3 a 5 días.

SUSTITUCIONES

Para hacer la receta sin lácteos, seguimos los consejos de la receta elegida.

Para hacerla sin huevo, seguimos los consejos de la receta elegida.

Para hacerla sin gluten, seguimos los consejos de la receta elegida.

La receta no es apta para personas alérgicas a los frutos secos porque el pistacho es un ingrediente fundamental. Se puede preparar otra versión usando galleta picada y añadiendo 1 cucharada de cacao para dar consistencia y sabor.

Trufas de galleta y pistacho

1

2

3

4

5

6

7

8

Pesos y medidas más habituales	
¼ cucharadita	1,2 ml
½ cucharadita	2,5 ml
1 cucharadita	5 ml
½ cucharada	7,5 ml
1 cucharada	15 ml
¼ taza	60 ml
⅓ taza	80 ml
½ taza	120 ml
¾ taza	180 ml
1 taza	240 ml
Para levadura química y bicarbonato	
1 cucharadita	4,5 g
½ cucharadita	2,2 g
¼ cucharadita	1,1 g
1½ cucharaditas	7 g
2 cucharaditas	9 g

Agradecimientos

En primer lugar, GRACIAS a ti, que estás leyendo este libro, por haberlo elegido entre todos los que existen en el mercado. Gracias por confiar en mis recetas. Espero que tus galletas sean un verdadero éxito y que te acompañen en muchos momentos felices.

Gracias también a todas las personas que me seguís después de tantos años. Gracias por estar siempre presentes al otro lado de la pantalla, pero también por venir a mis cursos presenciales, por apuntaros a los cursos online, por acercaros a mis firmas de libros... Gracias por cada una de las veces que me paráis por la calle para transmitirme tantísimo cariño. Gracias por seguir confiando en mis recetas año tras año. La verdadera motivación para seguir escribiendo libros de recetas sois vosotros. Gracias.

Gracias a Bruno, Lola y Chloe, por hacerme tan feliz hasta cuando estoy agotada. Sois la energía que me mueve. Os adoro.

Gracias a mis padres, porque sin ellos nada habría sido posible. Nunca me cansaré de decir que sois los mejores padres y abuelos del mundo.

Gracias a Ángeles Aguilera por haber confiado en mí una vez más y a Cristina por haber entendido tan bien lo que buscaba transmitir con este libro.

Gracias a mis queridas tías Lourdes, Chucha, Feli y Koké por su apoyo.

Gracias a todo el equipo de Scope, especialmente a José y a Hugo, por aguantarme tantísimas horas de grabación y por catar siempre todo con tanto cariño.

Gracias, Angélica, por todos estos años a mi lado; eres familia.

Y gracias a todos mis compañeros de escalada por tantos momentos compartidos en la roca y en el roco. Sois en gran parte responsables de que mantenga la cordura pase lo que pase.